Liebe und Begehren waren für die Pariser Surrealisten André Breton, Paul Éluard und Louis Aragon die wahrhaft revolutionären Kräfte. Doch allzu oft blendeten sie dabei den weiblichen Part aus, sodass ihre Idealvorstellung und die gelebte Liebe zunehmend in Widerspruch gerieten. Unda Hörner begibt sich auf die Spuren von Simone Breton, Gala Éluard-Dalí und Elsa Triolet und beleuchtet diesen Konflikt in drei einfühlsamen Porträts. Basierend auf umfangreichen Originalquellen, gelingt es ihr, diese drei faszinierenden Frauen lebendig werden zu lassen und zu zeigen, wie sie sich nach und nach vom Liebesideal ihrer Männer lösten, um aus deren Schatten zu treten – als eigenständige, unabhängige Persönlichkeiten: Ende der 1920er-Jahre verlässt Simone Breton ihren Platz hinter der Schreibmaschine und André, sie wird eine erfolgreiche Galeristin. Gala kehrt Paris und Paul Éluard den Rücken, um sich als Muse und Managerin von Salvador Dalí neu zu erfinden. Und Elsa Triolet beginnt an der Seite von Louis Aragon eine eigene Schriftstellerkarriere, 1945 wird sie als erste Frau mit dem *Prix Goncourt* ausgezeichnet.

Unda Hörner studierte Germanistik und Romanistik in Paris und Berlin, promovierte über die Schriftstellerin Elsa Triolet und lebt als freie Autorin, Herausgeberin, Journalistin und Übersetzerin in Berlin. Bei ebersbach & simon u. a. erschienen: »Der Zauberberg ruft!«, »Am Horizont der Meere. Gala Dalí«, »1919 – Das Jahr der Frauen«, »1929 – Frauen im Jahr Babylon«, »1939 – Exil der Frauen« und »Solange es eine Heimat gibt. Erika Mann«.

Unda Hörner

Die realen Frauen der Surrealisten

ebersbach & simon

Inhalt

Vorwort

Paris im Herbst des Jahres 1924: Das Büro für Surrealistische Forschungen in der Pariser Rue de Grenelle
öffnet ab Anfang Oktober seine Pforten für das interessierte Publikum. Hier ist die Wirkungsstätte einiger junger Männer, die sich nach dem Ersten Weltkrieg
von 1914–1918 experimentellen literarischen Formen
verschrieben und ihre Ziele in einem Manifest prokla-
miert haben, dem *Manifest des Surrealismus*. An den
Wänden des Büros hängen Gemälde von Giorgio de
Chirico und Abgüsse von Frauenkörpern. Doch diese Frauen aus Gips sind nicht die einzigen weiblichen
Geschöpfe hier: Eine Schreibmaschine klappert; es
ist Simone Breton, die emsig in die Tasten greift. Für
André Bretons Frau ist es eine ehrenvolle Pflicht, an
den Bürositzungen teilzunehmen und das Protokoll zu
führen. Einmal mehr öffnet sich die Tür, einer der Mit-
streiter, es ist Louis Aragon, schneit mit einem Manu-
skriptbündel unter dem Arm herein: »Kannst du es ab-
tippen, Simone?« Eine weitere Frau betritt den Raum,
es ist Gala, wie Simone nach der neuesten Mode gekleidet: »Liebe, Liebe! Meine Frau kam ganz in Rot«,
jubelt Paul Éluard. Wenn das Büro um achtzehn Uhr
schließt, zieht eine bunte Truppe los, in eine der Bars
am Montparnasse, in die Wohnung der Bretons in der
Rue Fontaine oder in den Lunapark. Simone und Gala

*André Breton, René Hilsum, Louis Aragon und Paul Éluard
beim Dada-Festival in Paris, 1920*

posieren zwischen den Männern auf Karussellpferden und in der Attrappe eines Aeroplans vor der Linse eines Jahrmarktfotografen.

In jenem Jahr 1924 hat Elsa Triolet noch mehr als einen Koffer in ihrer Heimatstadt Moskau, doch sie ist auf dem Sprung nach Paris. Als sie den Surrealisten Louis Aragon im November 1928 kennenlernt, führt er seine neue Begleiterin in die Rue de Grenelle. Sie schaut sich um, mit skeptischem Blick. Drückt ihre frisch geschminkten Lippen auf ein Blatt Papier, der rote Mund erscheint auf dem Titelblatt des *Zweiten surrealistischen Manifests*. Stumm werden ihre Lippen nicht lange bleiben – Elsa Triolet ist nicht bereit, nur Tippfräulein oder Muse zu sein. Und sie führt Aragon auf neue Wege …

Die surrealistische Gruppe ist 1928 bereits porös geworden, und die Krise der Bewegung fällt mit privaten Krisen zusammen. Die Surrealisten feierten die *Amour fou*, so auch der Titel eines Buches von André Breton, als höchste Form der Liebe, doch die war schwer vereinbar mit dem Ehealltag. Die Frauen hatten ins Künstlermilieu eingeheiratet, das viele Freiheiten versprach, den Ausbruch aus bürgerlichen Zwängen – und unversehens fanden sie sich unter der Fuchtel ihrer Männer wieder, die bestimmten, wo es langging. Die zwischen 1928 und 1932 unter den Surrealisten durchgeführten *Gespräche über Sexualität* zeigen deutlich das Befremden, das die Frauen im Kreis der Männer befallen haben muss. Aragon schwärmte von der erotischen Gewalt jener Frauen, bei »denen alle Männer, mit denen sie Liebe machen, sterben.« Intimität von Eheleuten als häusliches Geheimnis hinter verschlossener Tür wurde als Bodensatz verlogener bürgerlicher Moral verurteilt, also sollte jeder das Herz auf der Zunge tragen und frei über sexuelle Vorlieben und Seitensprünge sprechen. André Breton behauptete allen Ernstes, dass die Meinung der Frauen aber nicht interessiere. Als ihnen dennoch Rederecht erteilt wurde, blockte er die Antworten ab. Die Surrealisten schienen misogyne Romantiker zu sein, deren Bildwelten einer Kunsttradition entstammten, die den Geschmack und die Sehgewohnheiten von Generationen gebildet hatte – die Frau als Muse, Mätresse oder Mutterfigur. Eine Frau, die sich an diesen Bildern messen lassen musste, kam sich zwangsläufig wie eine unvollkommene Kreatur vor. Claire Goll schrieb in ihrer Autobiografie *Ich verzeihe keinem*: »Die Frau ist eine Null, nichts als eine Anhäufung von Eierstöcken, und ich nehme mich nicht aus. Trotz meiner kleinen Erfolge bin ich nichts, fühle ich mich als nichts. Ich bin nie auf die Idee gekommen, mit Goll zu konkurrieren. Ich habe mich immer eine Etage tiefer gefühlt.« Dennoch, die antibürgerliche Bohème-Welt als Großstadtphänomen bot ein Klima, das günstig für die weibliche Selbstverwirklichung zu sein schien. Simone Breton, Gala Éluard, spätere Dalí, und Elsa Triolet wussten sie auf unterschiedliche Arten und Weise für sich zu nutzen. So ist es gerade die Abkehr der Frauen von traditionellen Lebensformen, durch die sie heute zu den weiblichen Vorbildern werden können, die sie selbst in der Vergangenheit für sich nicht mehr hatten finden können.

Simone Breton
Leben wie im Buche

»Simone kommt aus dem Land der Kolibris, diesen kleinen Musikblitzen, sie erinnert an die Zeit der Lindenblüte«, heißt es bei Aragon. Simone Kahn kam am 3. Mai 1897 in Iquitos zur Welt, einer Großstadt am Amazonas, im Norden Perus. Im Zeitalter des Kolonialismus spielte das Land eine wichtige Rolle; Simones Vater leitete eine Kautschuk-Exportgesellschaft. Nach einigen Jahren hatte das Unternehmen so viel Gewinn gemacht, dass die Familie 1899 wieder in die Heimat, nach Paris, zurückkehren und vom Vermögen leben konnte. Die Kahns zogen in den vornehmen Teil des 17. Arrondissements, das sich zwischen dem feinen 16. und dem populären Montmartre erstreckt. Die Avenue Niel verläuft in unmittelbarer Nähe zum Étoile – eine Adresse, die später André Bretons Briefköpfe zieren wird.

Im liberalen, weltoffenen Klima der Kaufmannsfamilie wuchs Simone mit den Geschwistern Janine und Gaston auf. Die Kahns gehörten zum assimilierten jüdischen Großbürgertum, die religiöse Erziehung der Kinder spielte keine Rolle. Die Familien der Eltern stammten aus Elsass-Lothringen, eine Region mit hohem jüdischen Bevölkerungsanteil. Als das Gebiet nach der französischen Niederlage im Krieg von 1870/71

»Da ist er endlich, der Dadaismus, aber was für einer!«
Simone Breton in den 1920er-Jahren

dem Deutschen Reich zufiel, wanderten viele Juden ab und ließen sich in Paris nieder. Elsass-Lothringen blieb so genanntes Reichsland ohne politische Stimme, und im Krieg von 1914–1918 sahen sich Männer französischer Herkunft mit deutscher Staatsangehörigkeit vor der Situation, gegen die eigenen Landsleute antreten zu müssen. Um dem zu entgehen, emigrierten Yvan Goll oder Hans Arp in die Schweiz, Max Ernst und Paul Éluard erschraken nachträglich, sich als Soldaten an der Front gegenübergestanden zu haben. Als das Elsass 1918 wieder an Frankreich fiel, hatten sich nach fast fünfzig Jahren deutscher Staatszugehörigkeit Menschen und nationale Loyalitäten vermischt. Nicht auf nationale Grenzen konnte man sich verlassen, sondern auf kosmopolitisches, an kulturellen Werten orientiertem Denken.

Simones Cousine väterlicherseits, Denise Kahn, war im Grenzlandklima aufgewachsen, geboren 1896 in Sarreguemines und perfekt zweisprachig. Sie war Simones enge Vertraute. Ihre Briefe an die Cousine lesen sich wie Tagebücher. Die Ausbildung der Bürgertöchter diente in erster Linie dem Ziel, sie auf ihre künftige Rolle als Ehefrau und Mutter vorzubereiten. 1902 wurde der wenig anspruchsvollen Mädchenbildung Latein als Unterrichtsfach hinzugefügt, die Voraussetzung, um überhaupt zum Baccalauréat, dem Abitur zugelassen zu werden. Simone besuchte die École de Villiers, eine Mädchengrundschule, dann eine École secondaire. Eine Lehrerin vermittelte ihr, dass Literatur mehr als nur Zeitvertreib sein konnte, Lesen über Belesenheit hinausführen konnte. Eine Institution, die die Gleichstellung von Frauen vorantrieb, waren die Cours de la Sorbonne, die zur Vertiefung der zu Hause oder in der Schule erworbenen Bildung dienen sollten. Simone belegte Seminare am Institut für englische Literatur, die ihr zwar ein fundiertes Wissen verschafften, aber keinem Berufsziel dienten. Die Universitätsbesuche waren vor allem attraktiv, weil sie ins 6. Arrondissement führten, ein Quartier voller Galerien und Cafés, das Simone magisch anzog. »Wann immer ich im Quartier Latin bin«, schrieb die Dreiundzwanzigjährige, »habe ich den Eindruck, dort ist das wahre Leben – ohne Frage das meine –, und dann die Leute – die männliche Jugend, die dem Neuen zustrebt, indem sie zerstört.«

Als Adrienne Monnier im Jahre 1916 in der Rue de l'Odéon 7 ihre Buchhandlung *La Maison des Amis des Livres* eröffnete, die rasch zum Treffpunkt der Avantgarde avancierte, gehörte Simone bald zum Kreis der Stammkundinnen, die Bücher ausliehen und Lesungen besuchten. Auch ihre Freundinnen waren begeisterte Leserinnen, darunter die spätere Schriftstellerin Constance Colline-Clément. Adrienne Monnier erinnerte sich: »In dieser Buchhandlung sind immer viele junge Frauen, meistens Studentinnen mit einer Lesekarte. Zu zweit oder dritt kann man sie um die Regale herumstehen und das ein oder andere Buch herausziehen sehen, unter leisem Lachen oder mit kleinen Schreien, als würden sie zum Baden ins Wasser gehen, sie rufen sich einander ihre Namen zu, als könnten unsichtbare Fluten sie auseinanderreißen, meist heißen sie Colette oder Simone.«

Bei Adrienne Monnier, befreundet mit Paul Valéry, André Gide und Valéry Larbaud, fanden sie auch

»Er sah gut aus, war nicht von der Schönheit
eines Engels, sondern eines Erzengels.«
Die Buchhändlerin Adrienne Monnier über André Breton

Bücher von Autoren wie Rimbaud, Baudelaire, Apollinaire, Lautréamont. Simone lernte Bretons Idole kennen, noch bevor sie ihm über den Weg lief. Hier lagen Avantgarde-Zeitschriften aus, auch das seit März 1919 von André Breton, Louis Aragon und Philippe Soupault herausgegebene *Blatt Littérature*, in dem sie ihre Texte präsentierten, nebst Beiträgen von Gide, Valéry, Max Jacob, Jean Paulhan. Breton ging bei Adrienne Monnier ein und aus, die sich erinnert: »Er hatte exklusive Ansichten, die mich befremdeten. ... Seine Physiognomie passte zu seinem Schreiben. Er sah gut aus, war nicht von der Schönheit eines Engels, sondern eines Erzengels.« Am 11. April 1919 las Breton Gedichte von Valéry. Gut möglich, dass Simone schon da an den Lippen des auratischen Redners hing. Auch Dada-Veranstaltungen, bei denen er auftrat, besuchte sie – die Nonsense-Spektakel waren weniger nach ihrem Geschmack, übten aber einen gewissen Reiz auf die Bürgertochter aus, die sich oft langweilte. Ihrer Cousine schrieb sie im Juni 1920: »Mein Leben ist ziemlich leer, meine ärmste Denise. Leer? Nein, das nicht. Bei allen Klagen, bei meiner ganzen Begeisterung und der Untätigkeit, die der Unzufriedenheit entspringt, betrachte ich es als erfüllter denn manch anderes, das nur so wirkt. ... Ich arbeite kaum an mir: zwei bis drei Stunden Musik, englische, deutsche, spanische Lektüre. ... All das ohne große Begeisterung, solange es nicht in etwas aufgeht, worin es fruchtbar wird.« Sie träumte von einem Prinzen, der sie aus dem Dornröschenschlaf wachküsste. Man ist überrascht zu erfahren, dass Simone bereits verlobt gewesen war, mit dem Literaturstudenten Maxime François-Ponçet. Der junge Mann war ein Frauenheld, machte sogar einer Freundin von Simone Avancen und blieb eine kurze Episode in Simones Leben. Der unglücklichen Verlobung wurde durch den Krieg ein jähes Ende gesetzt. Maxime fiel im Juni 1918. Simone schien nicht lange getrauert zu haben, in Briefen fällt sein Name nie wieder. Sie suchte nach einer intensiven Lebensform, mit der die Künstlerkreise lockten, sehnte sich nach der großen Liebe, »die das Leben der Frauen im Schlechten wie im Guten bestimmt, sowohl, wenn sie fehlt, als auch, wenn sie da ist.«

Begegnung im Jardin du Luxembourg

Im Jardin du Luxembourg tummelten sich die Studenten der nahen Sorbonne. Simone war mit ihren Freundinnen unterwegs, darunter Bianca Maklès, Theodore Fraenkels Verlobte – und Fraenkel war ein Freund André Bretons. Bianca machte ihn und Simone miteinander bekannt. »Breton war ein etwas bleicher und magerer junger Mann, der trotz seiner schlechten finanziellen Situation eine gewisse Eleganz wahrte. ... Sie müssen wissen, ich bin kein Dada, sagte ich ihm von vornherein. – Ich auch nicht, gab er zurück, mit diesem Lächeln, das er sein Leben lang beibehielt, wenn er sich von seinen eigenen doktrinären Vorgaben distanzierte. Dann unterhielten wir uns über Themen, die uns lieb und teurer waren.« Ein Stein kam ins Rollen. Fortan beherrschte Breton Simones Gedanken und ihre Briefe an Denise: »Wirklich ein interessanter Typ. Ich weiß nicht, was das Leben mit unserer Zuneigung noch vorhat. ... im Oktober sehe ich ihn wieder – auf jeden Fall werde ich weiterhin die Sorbonne besuchen.« Sie sahen sich sogar noch einmal im Juli vor den großen Ferien, Breton überreichte Simone ein Exemplar der *Magnetischen Felder*, einem aus dem Unbewussten geschöpften Text, den er zusammen mit Philippe Soupault geschrieben hatte, »mit einer fast zärtlichen Widmung«. Kein Zweifel, Simone hatte es ziemlich erwischt, Breton war ein »richtiger Mann«: »Ich fühlte mich sehr zu ihm hingezogen und war sehr neugierig ... Aber ich fürchtete mich auch. Ich musste mit dem Stricken aufhören, so sehr zitterten meine Hände.« Simone skizzierte der Cousine den Auserkorenen sehr treffend: »Ganz eigenwillige Dichterpersönlichkeit, hingerissen vom Außergewöhnlichen und Unmöglichen, ein rechtes Maß an Unausgeglichenheit, zusammengehalten durch einen scharfen, selbst im Unbewussten wirkenden Verstand, eindringlich, mit einer unbestreitbaren Originalität, der die umfassende literarische, philosophische und wissenschaftliche Bildung keinen Abbruch getan hat. Äußerste Schlichtheit und Aufrichtigkeit, auch im Widerspruch.«

Simone war klar, dass sie sich in eine Ausnahmeerscheinung verliebt hatte, einen eigenwilligen *Homme de Lettres*. Ein Leben mit diesem Mann würde nicht nur Liebeserfüllung bedeuten, sondern auch die Verwirklichung ihres großen Mädchentraums, Literatur nicht nur zu lesen, sondern zum Bestandteil ihres Lebens zu machen, den Künstler- und Intellektuellenkreisen anzugehören. Wann immer Simone in ihrem Leben vor Herzensentscheidungen stand, teilte sie der Cousine mit: »Ich überlasse mich der Zukunft. ... Ist es

*»Wirklich ein interessanter Typ. Ich weiß nicht, was
das Leben mit unserer Zuneigung noch vorhat.«
Simone Kahn über André Breton, hier beim
Dada-Festival im März 1920 in Paris*

moralisch verwerflich, sich zu verändern? Ich will das nicht länger glauben, und das beschäftigt mich mehr als die Ehrlichkeit mit mir selbst, die nicht so leicht ist wie die mit Anderen, aber der einzige Weg, sein Leben gut und sicher zu entwerfen. Im Grunde kenne ich B. gar nicht. Wenn er mich liebt, so weil er hingerissen ist, und nicht, weil er mich versteht – er interessiert mich lebhaft, aber ich habe mich in keiner Weise an ihn gebunden, außer durch die Hoffnung auf das, was man stets erwartet. Wie wird das alles enden?«

Simone beobachtete, wartete ab. Bretons doktrinäre Ansichten schätzte sie von Anfang an richtig ein, sie hatte ihn doch davor gewarnt, nichts von Dada zu halten. Aber gehörte Breton auch zu den *Enfants terribles* der Bohème, so entsprach seine solide Erscheinung ganz dem bürgerlichen *comme il faut* und damit auch Simones Typ. Die Vorstellung, von einem Dichter geliebt zu werden, beflügelte sie. Der Erzengel gab ihr das Gefühl, auserwählt worden zu sein.

An welchem Punkt seines Lebens stand Breton, als er Simone den Hof machte? 1920 war er vierundzwanzig, hatte sein Medizinstudium an den Nagel gehängt, seine Dada-Aktionen standen im Zeichen radikaler Erneuerung. Gesellschaftliche Anerkennung und materielle Absicherung hingen davon ab, welchen Weg er einschlagen würde. Typisch für Breton, dass er in solchen entscheidenden Momenten stets nach richtungsweisenden Vorbildern suchte. Von Weitem leuchtete ihm zu jener Zeit ein Leitstern: Tristan Tzara, geistiger Kopf von Dada Zürich. Bretons Briefe an ihn waren reinste Liebeserklärungen. Er stilisierte ihn zum Erlöser und drängte ihn, mit Dada im Gepäck nach Paris zu kommen. Als der lang Herbeigesehnte im Januar 1920 schließlich eintraf, hoffte Breton, dass die Entwicklung seiner eigenen Kunst Kontur gewänne. Doch der Besuch war enttäuschend – rasch kam es zum Zerwürfnis, das zwei Ursachen hatte. Zum einen stürzte Breton seine Götter immer wieder in dem Augenblick vom Sockel, da sie ihm als Konkurrenz gefährlich werden konnten. Zum anderen trat der Dada-Spaß für ihn bald auf der Stelle, Breton suchte nach Sinn. Als radikale Verneinung hatte sich Dada abgenutzt und verkam in Bretons Augen zum effekthascherischen Klamauk.

Der Künstler suchte nach einem Konzept und der junge Mann sich selbst. Im März trat er auf Drängen der Eltern, die ihren Sohn ohnehin lieber als zielstrebigen Medizinstudenten denn als windigen Literaten gesehen hätten, durch Vermittlung Paul Valérys einen Büroposten im Verlag Gallimard an. Er war für den Vertrieb der *Nouvelle Revue Française* und Erledigung der Abonnentenpost zuständig. Francis Picabia gestand er, wie sehr ihn dieser Job anödete: »Sie wissen besser als jeder andere, wie sehr ich mich bei der *Nouvelle Revue Française* langweile.« Einerseits wollte er, ehrgeizig, wie er war, es sich mit den einflussreichen Leuten aus dem Literaturbetrieb nicht verderben, andererseits hasste er den etablierten Laden.

In dieser Phase trat Simone in Bretons Leben. Dichte, dunkelbraune Locken, strahlendes Lachen, sie konnte bezaubern. Nicht weniger als Breton hatte sie Charisma. Sie war für Breton interessant, gesellschaftsfähig, keine jener Grisetten, Halbweltdamen und Fabelwesen des späteren surrealistischen Frauenkults. Erst kürzlich war Breton seine so kurze wie stürmische Liaison mit einer jungen Frau um die Ohren geflogen, mit Georgina Dubreuil, die er in der Nähe seines Domizils, dem Hôtel des Grands Hommes am Panthéon, beobachtet und angesprochen hatte. Bei einer Eifersuchtsszene hatte sie sein Hotelzimmer verwüstet, Bücher von Apollinaire mit persönlicher Widmung, Zeichnungen des von Breton verehrten Jacques Vaché, drei Gemälde von Marie Laurencin, ein Modigliani, viele Erinnerungsstücke, Fotos, Briefe, alles zerstört. Georgina, die angeblich hellseherische Fähigkeiten besaß, sah Breton in einer bürgerlichen Ehe versauern, prophezeite ihm, er werde dem Wahnsinn begegnen.

Mit Simone ließ sich Breton erstmals auf eine dauerhafte Liebesbeziehung ein. Und tatsächlich: Nach der wilden Dada-Phase öffnete sich ihm der sichere Hafen der Ehe. Für Simone aus betuchter Familie war die unsichere ökonomische Situation des Zukünftigen kein Problem; die Liebesheirat entsprach ihren Glücksvorstellungen, allein das zählte. Während der Sommermonate, die Breton bei seinen Eltern im bretonischen Lorient verbrachte, kam ein intensiver Briefwechsel in Gang. Bretons vertraulicher Ton fachte Simone erst richtig an: »Ist denn die Ehrlichkeit eines sich öffnenden Herzens nicht das beste Mittel, ein kluges und einfühlsames Geschöpf für sich zu gewinnen?« Sicher kein Zufall, dass Bretons surrealistische Positionen in den Jahren zwischen 1920 und 1923 an Kontur gewannen, als Simone ihm Rückhalt gab und die Ehe einen verlässlichen sozialen Rahmen steckte. Die Gefühle, derer die Liebenden sich gegenseitig versicherten, eröffneten neue Perspektiven: »Sagen Sie mir, wie kommt es, dass ein scheinbarer Menschenfeind wie ich nun das begehrt, was ihn ans Leben bindet?«, fragte er Simone im August 1920. Er erlebte sich ganz neu, als einen Mann mit liebender Hingabe; Simone ihrerseits sah das Ende ihrer Kindheit gekommen: »Wir sind nun in einem schöneren Universum, darin die Liebe ein Stern und die Kindheit meine untergehende Sonne.«

Mitte September sahen sich die beiden Briefschreiber bei Denise im Elsass wieder: »Sarreguemines bleibt ein Zauberwort für A. und mich. ... Denise ist ein weiterer Bindestrich zwischen uns.« Simone hielt die Cousine über den Fortgang der Liebesgeschichte auf dem Laufenden: »Wo soll ich beginnen, Dir von André zu erzählen? ... Oder auch von der Art unserer Begegnungen. Gestern im Cluny-Museum, beim Jardin du Luxembourg, in einem völlig unpassenden und verwirrenden Rahmen. Trotz alledem konnten wir einige ›Schranken‹ durchbrechen. Die Freundschaft entwickelt sich. Wir lernen, uns immer besser zu verstehen, gemeinsame Vorstellungen zu erkennen, und gewinnen andere, neue hinzu. Stell' Dir jedoch nichts Unterkühltes und Intellektuelles vor. Im Gegenteil, es ist von Liebe erfüllt und von Bangigkeit.«

Breton, weiterhin ohne feste Pariser Adresse, kam vorübergehend bei Philippe Soupault unter, der am Quai Bourbon auf der Île-Saint-Louis wohnte. So oft wie möglich besuchte Simone ihn dort. Die behutsame Annäherung der beiden Liebenden glich in nichts den chaotischen Amouren, die Breton hinter oder – einige Jahre später – noch vor sich hatte. Simone brachte Regelmäßigkeit in sein Leben, Breton willkommene

Unregelmäßigkeit in das ihre: »Oh! Diese leeren Morgen- und Abendstunden! Gestern kam er, und es war wunderbar, vollkommen und glücklich, vielleicht zum ersten Mal seit meiner Rückkehr. Wie soll ich es ausdrücken? Dazu muss ich mir die Stille vorstellen, die Dich umgibt. Um halb drei breche ich also auf zu Soupaults kleiner Wohnung, wo André im Moment alleine wohnt, auf einem Zwischengeschoss Richtung Seine, an einer Ecke der Île-Saint-Louis, das Fenster kaum höher als die Brüstung. Ein Zimmer mit gelben Tapeten und einem blaugrünen Sofa, eine Wand voller Bücher. Zweimal ist er [Soupault] auch erschienen. Mir ist es unmöglich, etwas anderes zu denken. Was für Zeiten, Denise! Keine Leidenschaft, die ich nicht noch steigern könnte. Jeder Tag ist wie ein Sieg. Wir waren sogar schon intim. Und ich schätze das Schweigen – Worte fallen wie die schweren Wassertropfen eines bedächtigen Sommerregens, die im Raum fruchtbar werden. Das Großartige, in dem mich verliere, verbietet mir zu sprechen. Ein Wort sagen, heißt tausend bereuen. Aber ich will, dass Du mich ins Unendliche begleitest. ... Zehn Jahre denkt man an die Liebe, und ist sie da, hat sie ein so ungeahnt schönes Gesicht, dass man vollkommen willenlos abzudriften glaubt, auf einem Schiff ohne Segel.«

Trotz des Widerstands beider Elternpaare ließen sich Simone und André in ihren Heiratsplänen nicht beirren. Bretons dominante Mutter machte aus ihrer Eifersucht auf die künftige Schwiegertochter keinen Hehl. Diese Frau hatte ihren Sohn früher sogar vom Spielen mit anderen Kindern abgehalten, der Junge lernte früh, Geheimnisse für sich zu behalten. Die

Einwände der Kahns galten der finanziellen Not des Schwiegersohnes in spe. Ihre erste Begegnung mit ihm bei der Aufführung eines russischen Balletts im Théâtre de la Chauve-Souris stand schon deshalb unter schlechtem Vorzeichen, weil Breton Ballettaufführungen verabscheute. Er trug seine Langeweile offen zur Schau, blieb den ganzen Abend lang schlecht gelaunt. Ein anschließendes gemeinsames Diner in der Avenue Niel verlief wenig herzlich. Breton fühlte sich durch die familiäre Enge bedroht. Trotz ihrer Skepsis gegenüber dem schwierigen Kandidaten akzeptierten die Kahns die Wahl ihrer Tochter; wenn sie ihn liebte, wollten sie ihrem Glück nicht im Wege stehen. Simone wandte sich einer Welt zu, die den Kahns immer fremd blieb, auch wenn sie sich mit der Zeit aufgeschlossen zeigten und ihren Salon mit von Simone ausgewählten Gemälden schmückten.

Am Äußeren des jungen Mannes war nichts auszusetzen, Schlips und Kragen, außerdem bestand immer noch die vage Hoffnung, er möge sein Medizinstudium zum Abschluss bringen – umsonst. Schließlich bestrickte Breton Mme Kahn mit seinem legendären Charme. Er überreichte ihr so preziöse Präsente wie einen Gehstock mit einem angewinkelten Beinchen aus Elfenbein als Knauf, verabschiedete sich nie ohne Handkuss. Aber den Kahns war klar, dass sie nicht nur ihre Tochter, der sie eine große Mitgift mit auf den Weg geben konnten, sondern vor allem den jungen Ehemann finanziell unter die Haube brachten. Wenigstens hatte Breton inzwischen eine Anstellung bei Jacques Doucet, einem der führenden Modeschöpfer der Belle Époque, gefunden, Kunstsammler, Mäzen und Förderer der

Surrealisten. Breton begann im Dezember 1920 als sein Sekretär, avancierte zu einer Art Hofberichterstatter über das aktuelle Geschehen in den Pariser Künstlerkreisen und zu Doucets engstem Berater beim Bilderkauf. Er bekam 500 Francs monatlich, im Juli 1921 schrieb Simone an Denise, das Salär sei verdoppelt worden, der Hochzeit stehe nichts mehr im Wege. Die Trauung fand ohne kirchliche Zeremonie am 15. September 1921 im Standesamt des 17. Arrondissements in der Rue des Batignolles statt, als Trauzeugen Simones Bruder Gaston und Bretons väterlicher Freund Paul Valéry. Bretons Mutter blieb dem Ereignis fern, nur sein Vater reiste pflichtschuldigst an. Die Kahns besiegelten ihr Einverständnis mit der Vorauszahlung von Simones Erbteil in Form eines monatlichen Wechsels. Solange die Wohnungssuche lief, spielte sich das Leben des Paares zwischen Simones Elternhaus im 17. Arrondissement und Andrés neuem Hotelzimmer in der Rue Delambre in Montparnasse ab.

Die Flitterwochen, die Simone und André in Imst in Tirol verbrachten, gaben Simone einen Vorgeschmack auf ihr künftiges Leben. Von Zweisamkeit konnte vom Augenblick ihres Eintreffens am 18. September 1921 an keine Rede sein. Die Frischvermählten trafen auf Max Ernst und seine Frau Louise Straus, Hans Arp und Sophie Taeuber, Tristan Tzara und seine Freundin Maja Chrusecz, einige Tage später stießen Gala und Paul Éluard dazu. Die Reise führte Simone und André weiter nach Innsbruck, wo sie sich auf Antiquitätensuche begaben, schließlich nach Wien, wo Breton am Nachmittag des 10. Oktober zu Sigmund Freud in die Berggasse pilgerte. Seine hochfliegenden Erwartungen wurden jedoch enttäuscht: Der Psychoanalytiker, dessen Erkenntnisse sich so fruchtbar für den Surrealismus erweisen sollten, wich den Fragen des Besuchers aus, er speiste ihn mit Gemeinplätzen ab. »Aufgrund dieser missglückten Begegnung verlor Breton nie seinen inneren Groll gegen Freud, über den er einzig aus Gründen intellektueller Höflichkeit freundlich sprach«, schrieb Simone, die sich während des Treffens in einem Kaffeehaus vergnügt hatte.

Licht und Schatten in der Rue Fontaine

Durch ihr inniges Verhältnis zur Literatur miteinander verbunden, bildeten die jungen Männer um André Breton eine Gemeinschaft. Die Dada-Truppe war eine völlig neue Herausforderung für Simone. An eine Fortsetzung der Sorbonne-Studien dachte sie nun nicht mehr. Sie erlebte die neue Welt, in die sie eingetaucht war, als vollkommen aufregend: »Mein Leben ist schön. ... Alles ist gut – auch das Schlechte«, schrieb sie im Januar 1922 an Denise. Der aufkeimende Surrealismus war – wie Avantgarde-Bewegungen überhaupt – eine in alle Lebensbereiche, soziale Bindungen und Umgangsformen eingreifende Existenzweise. Für den Künstler Breton gab es keinen Feierabend, keine Trennlinie zwischen Beruf und Privatleben. Simone fiel die Rolle der solidarischen Partnerin ihres Mannes zu. Atemlos hielt sie das Tempo, das der von Profilierungsdruck getriebene Breton vorgab. »A. leidet sehr unter der Unsicherheit, in der ihn die fehlende Position lässt«, schrieb Simone. Eine große Sache war die

Max-Ernst-Ausstellung in der Buchhandlung Sans Pareil; in der politisch angespannten Atmosphäre unmittelbar nach dem Krieg war es ein Wagnis, in Paris Bilder eines deutschen Malers zu zeigen. Breton selbst hatte den noch in Köln wohnenden Max Ernst um Gemälde gebeten. Aragon erinnerte sich später: »Fast täglich kam ein Paket bei André Breton in der Rue Delambre an. Mademoiselle Simone Kahn, André Breton und ich, manchmal auch Jacques Rigaut, besorgten Rahmen bei den Trödlern und Glas im Farbengeschäft auf dem Boulevard Edgar Quinet; wir rahmten alles im Hôtel des Écoles, ich habe noch vor Augen, wie Mademoiselle Kahn die Glasscheiben sorgfältig abwischt, plötzlich gibt es eine Katastrophe: Ein Rahmen zerbricht beim Zusammennageln! Wir alle besaßen keinen Pfennig, und der Kauf von Bilderrahmen etc. stellte ein geradezu unlösbares Problem dar.«

Zum neuen Jahr bezog das Paar eine Bleibe unterhalb der Butte Montmartre, Rue Fontaine 42, in den kommenden Jahren Hauptschauplatz künstlerischer Experimentierfreude. Die Wohnung war nicht besonders groß, zwei Zimmer, »eins voll Lärm und Licht, eins voll Stille und Schatten«, so Simone. Nachmittags reges Kommen und Gehen, junge Männer bevölkerten die Räume, »einer mit Konservendose ausgerüstet, ein anderer ohne alles.« Die Zusammenkünfte zogen sich fast immer bis spät in die Nacht. Ab September 1922 galten die gemeinsamen Sitzungen, an denen sich auch Simone beteiligte, der Erforschung der Schlafzustände, der *sommeils*; man wollte aus dem Unbewussten weitere Funken schlagen. Einer der Anwesenden wurde in Hypnose versetzt und von den anderen befragt. Simone versuchte, den ersten *sommeil* vom 25. September 1922 für Denise nachträglich heraufzubeschwören: »… die Reise geht weiter und vereinnahmt mich so sehr, dass ich Dir nicht schreiben konnte, obwohl das mein tägliches Bedürfnis ist. … Hier geschieht Unerhörtes. Aber es ist mühselig, darüber zu schreiben, wird leblos, und wird alles verfälschen. Du weißt nichts, solange Du nicht dabei gewesen bist. … Spiritismus kann man es nicht nennen. Einige von Andrés Freunden haben an sich ganz unterschiedliche Eignungen als Medium entdeckt. Die Rue Fontaine wurde zum Ort fantastischer Sitzungen, denen es nicht an Dramatik fehlte. Es ist finster. Wir sitzen schweigend um den Tisch herum und halten uns an den Händen. Nach kaum drei Minuten stößt Crevel bereits raue Seufzer und unartikulierte Rufe aus. Dann hebt er mit lauter, deklamatorischer Stimme zu einer grauslichen Erzählung an. Eine Frau hat ihren Mann ertränkt, aber er selbst hatte sie darum gebeten. … Wir erleben Gegenwart, Vergangenheit und Zukunft gleichzeitig. Nach jeder Sitzung sind wir so verstört und durcheinander, dass wir uns gegenseitig versprechen, nicht wieder anzufangen, und am nächsten Tag ist nichts stärker als der Wunsch, sich aufs Neue in dieser verstörenden Atmosphäre einzufinden, wo sich alle mit derselben Angst an den Händen halten. Mit von der Partie sind die Éluards, Max Ernst, die Dir bekannten Freunde + Péret mit seiner Freundin sowie Leute, die vorbeischauen und zur Familie gehören. Wer sich verweigert wie Vitrac oder sich indifferent zeigt wie Baron, wird unverzüglich in Quarantäne geschickt. Sie gehören einer anderen Welt an. Alles ist lächerlich, was nicht das Unendliche betrifft.«

Bei den Hypnosesitzungen zeigte Robert Desnos Talent zum Drama. Er brillierte im Wortspiel: *»Simone dans le silence provoque le heurt des lances des démones«* – Im Stillen lässt Simone Dämoninnen Lanzen tanzen. Und: *»Faites l'Aumône aux riches, puis sculptez dans la roche le simulacre de Simone«* – Gebt Reichen Almosen und schlag in den Felsen das Bildnis von Simone. Die jubelte: »Da ist er endlich, der Dadaismus, aber was für einer!« Die Erkundungen des Unbewussten führten schnurstracks zu einem besonders brisanten, tabuisierten Thema: Sexualität. »Es war amüsant«, fand Simone, »als ich Drieu fragte, ob er mit seiner Frau geschlafen hätte, worauf er antwortete, er habe es kaum erfolgreich versucht – und Morise, ob er im Augenblick verliebt sei, was er verneinte.« Die Sitzungen fanden ein Ende, als Desnos die anderen Anwesenden eines Abends ins Zimmer einschloss und sich von deren Protest erst erweichen ließ, als Picabia sich anschickte, das Türschloss auszubauen. Ein andermal jagte Desnos, wilde Drohungen ausstoßend und mit gezücktem Messer, Paul Éluard durch die Räume. Nur mit Mühe war er wieder zu beruhigen. Die eklatanten Zwischenfälle waren nicht nur Show – sie zeigten erste Unstimmigkeiten in der Gruppe. »Meine einzige geistige Betätigung gilt den Intrigen um uns her – und die sind so kompliziert, dass ich es Dir nicht schreiben kann«, ließ Simone Denise wissen. »Gegen Aragon bildet sich eine große Koalition. Einzig Desnos und Morise zeigen sich großmütig.« Man warf Aragon Wichtigtuerei, Eitelkeit und sein ausgeprägtes Bedürfnis vor, im Mittelpunkt stehen zu wollen. Die Meinungsverschiedenheiten gipfelten in Handgreiflichkeiten. Aragon ohrfeigte Jacques Baron in aller Öffentlichkeit, Breton zog Konsequenzen, hörte auf, für *Paris Journal* zu arbeiten, ein Blatt, das Aragon gerade zur literarischen Wochenzeitung ausbaute. Zu dieser Zeit verstärkten sich auch Bretons Unpässlichkeiten, stets Ausdruck seiner Unentschiedenheit: »André litt heute Nachmittag unter Migräne. Nervige Leute hier, bald rausgeschmissen. Ein angenehmer Moment im Café, Diner mit Desnos, Aragon. Zu dritt gelingt ihnen eine ergiebige Unterhaltung.«

Am 6. Juli 1923 kam es anlässlich einer Aufführung von Tristan Tzaras *Coeur à Gas (Das Gasherz)* zu gewalttätigen Ausschreitungen. Pierre de Massot stürzte auf die Bühne und verkündete, Picasso sei auf dem Felde der Ehre gefallen. Als er sich weigerte, die Bühne zu verlassen, versetzte Breton ihm einen so heftigen Hieb mit seinem Spazierstock, dass Massots Arm brach und Tzara die Polizei alarmierte.

Von Anfang an hatte Simone sich immer hinter Breton gestellt, seine Anliegen als die ihren betrachtet, auch jetzt. In Wirklichkeit hatte Simone schon zu Beginn ihres Zusammenlebens Anlass zur Klage. Was war mit der viel beschworenen Entfaltung ihrer Persönlichkeit, die sie sich vor der Ehe so gewünscht hatte? Die Anliegen der Männer, waren das wirklich auch ihre? Inmitten des bunten Geschehens fühlte sie sich grenzenlos allein: »Ich gebe mich zu sehr meinen Sorgen hin. Ich muss meine eigentliche Seele und meine mädchenhafte Unbefangenheit wiederfinden ... Ich hatte mit A. eine Unterhaltung über Freundschaft, seine Großzügigkeit usw. ... ziemlich traurig!« Nicht lange, und Simone sollte sich über die Geister beschweren, die sie gerufen hatte – die atmosphärisch so unterschiedlichen Zimmer der gemeinsamen Wohnung schienen die Extreme wiederzugeben, zwischen denen sich Simones Leben in den Jahren der Ehe mit Breton abspielte: hier turbulente Gruppenunternehmungen, dort schmerzlich empfundene Einsamkeit, ein ständiges Wechselbad der Gefühle. Vormittags versah Breton seine Arbeit bei Jacques Doucet, und so blieb Simone reichlich Zeit. Sie stand spät auf, las, schrieb Briefe, handarbeitete, sinnierte auf dem Diwan. Die Hausarbeit erledigte ein Dienstmädchen. Oft wollten Simone diese Morgenstunden nicht schnell genug vergehen, und bald musste sie entsetzt feststellen, dass sich ihr Leben kaum verändert hatte. Vor der Ehe hatte sie noch in gespannter Erwartung das Haus verlassen, nun harrte sie aus, bis das Leben zu ihr über die Schwelle trat. Sie schwankte zwischen Stolz dazuzugehören und dem Gefühl, mit alledem, was die Männer trieben, nichts zu tun zu haben. Sie vermisste die Privatsphäre, da die Wohnung eine Art Salon geworden war. Sie genoss zwar die Verehrung, die ihr entgegengebracht wurde, doch man respektierte sie ja nicht ihrer eigenen Verdienste wegen, das grämte sie. Schließlich fühlte sie sich als Fremde in den eigenen vier Wänden: »In diesem Haus geht es schlimmer zu als auf einer Kreuzung. Keine Stunde ist man mal allein«, schrieb sie im September 1923. »Diese Herren haben mich in mein Zimmer verbannt, um endlose Lesungen nach ihrem Gusto abzuhalten, Auric, Desnos, Morise, Aragon.« Simone schockierte die Erkenntnis, dass das von Kunst durchtränkte Leben an der Seite Bretons nicht das erhoffte Paradies auf Erden war. Selbst das Alleinsein war nicht mehr von gleicher Qualität wie früher. »Jeden Abend eine Lesung, ein Spiel, ein geistreiches Gespräch von packendem Interesse. Im Augenblick geht es um den Marquis de Sade. Was aber soll ich machen? Wenn ich dann für mich lese, erscheint mir das farblos.« Sie fühlte sich von Breton im Stich gelassen. Denise gestand sie bereits Anfang 1923: »Es ist beschämend. Ich habe die Kraft verloren, mit der ich seine Seele für mich gewinnen kann und die ich glaubte, nie verspielen zu können. Genau besehen, bin ich nicht gut verheiratet, gestehe es mir nur nicht immer ein.«

Max Morise, der Mann fürs Gefühl

In dieser Gemütsverfassung war Simone nur allzu empfänglich für Zeichen der Zuneigung. Max Morise war im März 1922 zu Breton gestoßen und Stammgast in der Rue Fontaine. Er hatte sich schon damals in Simone verliebt. Und machte ihr den Hof. Simone zögerte, doch die vornehme Zurückhaltung hielt nicht lange an. Sie folgte seinen Einladungen, und in Gesellschaft des schmucken, zweiundzwanzigjährigen Mannes fühlte sie sich »jenseits aller Gesetze« und frei. »Letztens bei den Éluards blieben wir lange hinter den anderen im Speisezimmer zurück. Er war sehr bewegt, und ich fühlte mich so wohl mit ihm, dass es uns schwerfiel, wieder zu den anderen zu stoßen«, schrieb sie Denise im April 1923. Morise ist »immer für mich da«, er »schöpft Leben in meiner Gegenwart«, zeigt sich »stets voller Gefühl«, kurz, er besaß Qualitäten, die Simone bei ihrem Gatten nach nur eineinhalb

»Ich möchte Sie küssen, Simone.«
Simone Breton und Max Morise, 1920er-Jahre

Jahren Ehe vermisste. Breton ließ Morise reichlich Raum, einen Platz in Simones Leben einzunehmen. Er »füllt die Leere, die André hinterlässt, der sich immer weniger für das äußere Leben interessiert«, und den es nicht zu interessieren schien, wie es seiner Frau ging. In schlaflosen Nächten wanderten ihre Gedanken zu ihrem neuen Begleiter: »Es freut mich zu sehen, dass sich zwischen Max Morise und mir echte Freundschaft entwickelt, in deren Licht ich jenes Gefühl wiederaufleben sehe, das mir André … so heftig vorwarf. Ich hatte jenes Gefühl verloren, das mir so wichtig war und das ich vermisse, seit ich verheiratet bin – die Freunde vernachlässigt oder abtrünnig, Du weit fort und von allerhand Alltagssorgen aufgesogen. Jenseits des gesellschaftlichen Rahmens fehlt mir jegliche Zuneigung, die rein seelisch ist oder über das Sexuelle hinausgeht. Die aber brauche ich.« Im Halbdunkel einer Theaterloge geschah, wonach sich Simone heimlich sehnte. Mit Max besuchte sie eine Wagner-Oper, an einem Abend »schön wie aus einem Buch«. »Während des letzten Aktes lehnten wir uns dann auf dem Kanapee zurück, und da nahmen die Dinge dann ihren Lauf. Es war dunkel, die Walküren drehten sich im Raum, ganz nah. Er liebkoste meine Hände, wie so oft. Würde er es jetzt wagen? Wenn ich an den gestrigen Abend denke, kann ich es kaum erwarten. – So sagte er endlich: ›Finden Sie nicht, ich sollte endlich damit aufhören, diese Komödie zu spielen? – Welche Komödie, Max, was meinen Sie? – Die Komödie, die ich täglich spiele. Ich liebe Sie viel zu sehr, Simone.‹ – Ich drückte mich stumm an ihn. So sagte er mir also, wie sehr er mich liebe. Dass dies ihm das Leben schwer mache, er so außerordentlich unglücklich sei, da bloße Liebenswürdigkeiten von meiner Seite ihm nicht nützen würden, er bei jeder Begegnung mit mir ein wenig Glück verspüre, um danach umso unglücklicher zu sein. Er hatte erwogen fortzugehen, um keinem von uns mehr zu begegnen. Nur ich sei der Grund dafür. Er vermochte es nicht. Seine Verzweiflung war so groß, dass ich bereit war, ihn zu lieben. Ich erzählte ihm von den zärtlichen Gefühlen, die ich für ihn hege, obwohl ich gleichzeitig André liebe; er müsse die Stärke haben, mich unter diesen Bedingungen zu lieben, ich wolle ihn als meinen Freund, er müsse mir glauben, ich würde nicht wagen, so nett und zärtlich zu ihm zu sein, wie ich es wollte, weil ich Angst hätte, ihn zu verletzen, denn er erwarte mehr von mir usw. ... ich lag in seinen Armen. Er ließ seinen Kopf auf meine Schulter sinken. ... ›Ich möchte Sie küssen, Simone‹, da konnte ich nur schlecht widerstehen. Dann ließ ich ihm meine Lippen. Wie glücklich er war, Denise! ... Ich habe André nichts davon gesagt. ... Max sagte mir, dass er André sehr gern habe, der für ihn über jedes Gefühl von Neid und Eifersucht erhaben sei. ... Ich liebe André. Wunderbarer André. Trotzdem rührt mich die Liebe von Max, und ich bin gern mit ihm zusammen.«

Der schöne Max, die Theaterkulisse, ins Ohr geflüsterte Liebesschwüre, wirklich wie es im Buche stand. Ihrem Mann gegenüber wahrte Simone Stillschweigen. Angst vor offener Aussprache – die es ja auch in anderen Angelegenheiten nicht gab – konnte man Simone nicht verdenken; nicht nur sie sah in Breton einen Menschen, der es mit seiner Strenge niemandem leicht machte. Seine unnahbare Art erweckte den Eindruck, er lebe in höheren Sphären, wo er vor so irdischen Gefühlen wie Eifersucht gefeit sei; seine tatsächliche Angreifbarkeit verrieten häufige Migräneattacken. Simone ahnte es: In der vielköpfigen Gemeinschaft gab sie ihm als Ehefrau Halt, schließlich war er ein häuslicher Mensch, der lieber zu Hause Hof hielt, als wie viele seiner Freunde durch die Bars von Montparnasse und am Montmartre zu ziehen. Also schwieg Simone, Max blieb ihr Geheimnis. Doch bedingungslose Transparenz war eine surrealistische Maxime, Verschwiegenheit und Geheimniskrämerei im Privaten wurde als kleinbürgerliche Untugend gebrandmarkt. Erlaubt war alles, wenn es nur ausgesprochen wurde. Man wollte nicht mit Lügen leben, wie so viele traditionelle Paare, die sich gegenseitige Treue vorspielten und doch längst auf heimlichen Wegen lustwandelten. Als schwante Breton, was hinter seinem Rücken geschah, appellierte er wiederholt an seine Frau: »Ich glaube, dass Du mir immer alle Deine Gedanken mitteilst, und ich versichere Dir, dass Du vor mir keine Heimlichkeiten haben musst. Natürlich kann ich mich irren. Dann wirst Du es mir sagen.« Simone sagte nichts. Ihr Verhältnis mit Max bezog seinen Reiz genau aus dem als bürgerlich verfemten Liebesgeheimnis und verstieß damit gegen die surrealistischen Spielregeln einer revolutionären Liebespraxis, in der das Kollektiv vom Triebleben des Einzelnen weiß. Tabulosigkeit hieß die neue Tugend, aber in keinem Punkt schlug sich progressives Denken wirklich auf die Seite der Frauen und ihrer Bedürfnisse. Sexuelle Libertinage wurde einem bestimmten romantisch verklärten Frauentyp, nicht aber einer Ehefrau zugestanden. Das bedrückte auch Simone: »... mit Entsetzen muss ich sehen, wie sehr sich das Bild meiner Person voneinander unterscheidet, das wir beide im Kopf haben. Für Mann und Frau ist die Liebe so unterschiedlich, dass man darüber verzweifeln kann. Warum nur verspürt eine Frau, die einen Mann liebt, den Drang, ihn über alles zu stellen, der Mann dagegen degradiert die Frau, die er liebt, zu einer Puppe, zu seinem Zeitvertreib, als eine Art belebte Materie. Wer mich so betrachtet, erniedrigt mich. Vielleicht versteige ich mich da. Doch nur so kann ich mich anerkennen. Damit geben wir unseren Müttern recht. Ich würde am liebsten weglaufen oder sterben. Es gibt Frauen, die sich aufdrängen wie Gala. Sind sie stärker, intelligenter, oder haben sie mit Männern zu tun, die weniger intelligent sind als die, die uns beschäftigen? Mir kommt es immer so vor, als sei André der einzige Mann, dem gegenüber ich eine so dumme Figur mache. Vielleicht besteht unsere Liebe aus dem Grund, dass er meine Liebe als die einzige anerkennt, die seiner würdig ist. Doch warum dann wohl oder übel dieses Missverständnis in der Liebe, das Leiden macht? Dieses Missverständnis, das in der Liebe, die dem Glauben gleicht, einen Graben schafft? Was tun?« Und auch dies vertraute Simone ihrer Cousine Denise im April 1924 an: »Es ist die Rede davon, aus Spaß mit jedem X-Beliebigem zu schlafen. Die Idee amüsiert mich, gefällt mir zuweilen. Aber ich weiß, dass das nicht meinem Wesen entspricht.«

Sex war vielleicht ein weiteres erregendes Gesellschaftsspiel, befriedigte das Bedürfnis nach menschlicher Nähe aber nicht. Vor allem aber schaffte er die Hierarchie zwischen den Geschlechtern nicht ab, die Männer führten nach wie vor das Wort – ein Schema, an das sich auch Simone hielt und das sie Liebe als Unterordnung erleben ließ. »Eines Tages werde ich aufhören, Frau zu sein«, so Simone. »Was mache ich dann auf der Welt? Vielleicht wird mich André von diesem Tag an nicht mehr lieben. Dann wird es mir eine große Genugtuung sein, mich zu töten ... ›Eines Tages habe ich die Frau gewählt, die ich liebte.‹ So seine Worte. Und diese Zeile sagt immer wieder das, was ich denke. André! Zum Glück gibt es diesen Mann.«

Simone war zweifach verunsichert. Sie war nicht nur untreue Ehefrau, sondern handelte mit ihrem Schweigen auch den Maximen ihres Mannes zuwider, verstieß gegen bürgerliche und surrealistische Werte gleichermaßen. Sie war Partnerin eines Mannes, den sie liebte, der ihr aber das Gefühl nahm, ein erotisches Geschöpf zu sein. Längst war sie nicht mehr glücklich mit ihm, aber sie hatte viel zu verlieren: eine ganze Welt. Sie war zerrissen zwischen Geist und Körper. Hier André, dort Max. Doch weder hier noch dort fand sie sich ganz wieder, die Rolle der anbetenden Ehefrau reichte ebenso wenig wie die Dauerpose der Geliebten. Und Simone war – ganz wie Breton – schnell gelangweilt. »Max' vereinnahmende Liebe enerviert mich bereits«, schrieb sie im März 1924. Bei einem Zwiegespräch legte Roger Vitrac den Finger in die Wunde: »Er warf mir vor, nach meinen Vorstellungen zu leben, statt die Ideen nach meinem Leben auszurichten, ... ohne mir dabei genau im Klaren über meine Gefühle zu sein. Ich bekam feuchte Augen, und als er sich entschuldigte, flossen Tränen.«

Im Büro für Surrealistische Forschungen in der Rue de Grenelle, Dezember 1924: Max Morise, Roger Vitrac, Simone Breton, Jacques-André Boiffard, André Breton, Paul Éluard, Pierre Naville, Robert Desnos, Giorgio de Chirico, Philippe Soupault und Jacques Baron (v. li. n. re.)

Rechte Hand der Surrealisten

Die Experimente mit den Diktaten des Unbewussten waren Surrealismus *avant la lettre* gewesen; als Bewegung wurde er 1924 mit dem *Manifest des Surrealismus* ins Leben gerufen. Organ der Gruppe wurde die Zeitschrift *La Révolution Surréaliste*. Am 11. Oktober 1924 öffnete das Büro für Surrealistische Forschungen, Rue de Grenelle 15, seine Pforten. In *Eine Flut von Träumen* bezeichnete Aragon den Ort als »ein romantisches Asyl für all jene Ideen, die sich jeder Einordnung in landläufige Kategorien widersetzen. ... Alles, was in dieser verzweifelten Welt noch an Hoffnung übrig geblieben ist, richtet seine letzten verzückten Blicke auf unseren armseligen Laden: Eine neue Erklärung der Menschenrechte muss irgendwie auf die Beine gebracht werden, das ist das Ziel.« Nachmittags stand die Zentrale für Publikumsverkehr offen, im Voraus wurde mit Papillons und Pamphleten geworben. Jeweils zwei Gruppenmitglieder hatten Anwesenheitspflicht, um neugierige Besucher zu empfangen, die sich ein Bild von den Aktivitäten der Surrealisten machen wollten. Zusammen mit Jacques-André Boiffard, Assistent des Fotografen Man Ray, Medizinstudent und erst kürzlich zu den Kreisen um Breton gestoßen, versah Simone ihren Bürodienst erstmals am 12. Oktober 1924, übrigens als einziges weibliches Mitglied des Büros. Die regelmäßigen Sitzungen wurden minutiös protokolliert: »Besuch von Monsignore T. Fränkel und seinem Regenschirm. (Es regnet nicht.)« Aus surrealistischer Sicht eine bemerkenswert kleine Paradoxie. Die Logbücher legen Zeugnis ab von der bürokratischen Seite des Surrealismus, die nicht minder rigide war als die Ablehnung gesellschaftlicher Konventionen; schriftlich festgehalten wurde auch noch die Aufforderung, nicht auf den Boden zu aschen. Ohne Nachsicht ahndete Breton unentschuldigtes Fehlen, was ihn selbst jedoch nicht davon abhielt, kommentarlos fernzubleiben. Man Ray polemisierte über die immer stärker werdenden Zwänge: »... man musste eng mit der Gruppe zusammenarbeiten und sich einen Genehmigungsstempel holen, musste das Werk unter der Schirmherrschaft der Gruppe vorlegen, wenn man als Surrealist anerkannt werden wollte.« Simone war als Gruppenmitglied und Ehefrau Bretons dem doppelten Druck ausgesetzt, protestierte aber »gegen die Maßnahmen, die ständig gegen einige der Anwesenden ergriffen werden, die sich gewisse undankbare Aufgaben aufgebürdet haben und die man wie Werkzeuge benutzt. Meines Erachtens hält man sie über den Fortgang von Zeitschrift und Büro nicht auf dem Laufenden.«

An Denise schrieb sie: »Im Atelier sind sie dabei, die R.S. [Révolution Surréaliste] zu machen. – André ruft nach mir. Ich bleibe bei Dir, meine Seele, meine Liebe, wenn ich mit Dir spreche, finde ich mich wieder.« Ständig eingespannt, musste Simone sich doch eingestehen, dass sie mit dem Herzen nicht bei der Sache war. Die Blicke der Männer ruhten nicht auf ihr, sondern auf der schönen Pose, in der sie gar nicht für sich, sondern für die Augen der anderen existierte. *Mulier taceat in ecclesia* – erst in der Zwiesprache mit Denise fand sie zu einer Klärung ihrer Gedanken und so zu einem Verhältnis zu sich selbst. André Thirions Kompliment, Simone sei die aktivste und verdienteste Frau im Kreise der Surrealisten gewesen, bedeutet auch, dass sie in der Lage war, sich widerspruchslos unterzuordnen. Ihre Traumerzählung *Es geschah im Frühling* in der Nummer 1 der *Révolution Surréaliste* zeigte, wie perfekt sie die literarischen Strickmuster des Surrealismus beherrschte.

Über offizielle Funktionen hinaus diente das Surrealistenbüro als Kontaktbörse. Junge Leute mit künstlerischen oder politischen Ambitionen, jede Menge Exzentriker auch, fanden es chic, dort aufzukreuzen. Aragons Geliebte Nancy Cunard erschien; die Visite eines Philosophiestudenten namens Raymond Queneau im Oktober 1924 wurde vermerkt – 1928 sollte er Simones Schwester Janine heiraten. Lise Meyer – als Lise Deharme Autorin seichter Romane – kam im Dezember ins Büro, und Breton war augenblicklich von ihr fasziniert. Er bat sie, als Visitenkarte einen ihrer blauen Handschuhe zu hinterlassen – ein surrealistischer Akt erster Güte, der Eingang in Bretons *Nadja* fand.

»Ich bin im Atelier. André schreibt für die R. S. einen Artikel über Malerei. Aragon telefoniert auf englisch mit seiner Geliebten. Dann mit Lise Meyer. Eines Nachmittags habe ich diese Person zum ersten Mal unter vier Augen gesehen. Wir waren uns sehr sympathisch, und sie sagte André, dass sie mich ›bewundernswert‹ fände.« Indem Breton seine Frau zur Komplizin seiner Gefühle machte, behandelte er sie wie einen

Freund, einen Mann – es schien, als brauche er Simones Einverständnis zum Seitensprung, und schließlich ging sie ja selbst fremd. »Seit einigen Wochen leben wir auf einigermaßen absurde Weise, Max, Janine, André und ich. André weiterhin schrecklich dem Willen L.M.s ausgeliefert – ein beklagenswertes Geschick, das sich gegen alles wendet, was besser wäre. Wie wird er da wieder herausfinden? Ich bin in dieser Sache nie parteiisch gewesen, aber seit einiger Zeit denke ich nicht mehr gut von dieser Frau – von der ich glaube, dass sie alles Gute verrät. Ich habe den Eindruck, dass sie mir mit ihrem Tun nur schaden will – was unter den gegebenen Umständen nur von einem niederen Charakter zeugt. Immer habe ich größten Respekt für das gezeigt, was sich zwischen ihr und André abspielte. Zeitweilig glaubte ich, dass sie auf der gleichen Ebene Frau sei wie ich. Das glaube ich jetzt nicht mehr – sie ist vor allem Frau. Was tut sie? Mit welchem Ziel? Welchen Sinn hat es, André derart zu missbrauchen? Momentan mache ich mir mehr Sorgen um ihn als um mich, und mich überkommt Angst, wenn ich ihn von Kräften gefangen sehe, die seiner nicht würdig sind und nur deshalb über ihn triumphieren können. Ich indessen bin stets hin- und hergerissen zwischen außerordentlicher Zuversicht und einem Zweifel, der mich in grenzenlose Hoffnungslosigkeit hineinführt.« Drei Tage später schrieb Simone: »Es hat sich alles zum Schlechten gewendet. … Ich glaube, heute hat André den Entschluss gefasst, L.M. nicht mehr zu treffen und Schluss zu machen.«

Simone hatte auch einen neuen Verehrer: »Ich glaube, dass Boiffard mich begehrt und verehrt, er tut alles, es mir zu verstehen zu geben, aber weder weiß ich, wohin das führt, noch, welchen Platz diese Liebe in seinen Gedanken und seinem Leben einnimmt. Ich bin gespalten zwischen dem Bedürfnis, mit Haut und Haar geliebt zu werden, und der Hoffnung, dass es für ihn keine allzu ernste Sache sein mag.« Im November 1924 war ihr Widerstand gebrochen: »Ich bin entschlossen, so weit zu gehen, wie er will. Vielleicht erwarte ich mehr, als ich mir eingestehe. Im Angesicht der Liebe ist ein Mann für mich nur eine Inkarnation. Ich bin vor allem davon überzeugt, dass nur eine bestimmte Kategorie Mann mich zu lieben vermag. Jacques ist ein ausnehmend weiches und rührendes Geschöpf. Sehr geheimnisvoll, abwesend, ja, wirr. Leidenschaftlicher, als man glauben mag.« Simone war auf den Geschmack gekommen, ging ihren Liebschaften nach und hob André gleichzeitig in den Himmel: »Trotz seiner Müdigkeit ist er wieder wundervoll zu mir, so zärtlich und heiter und so einfühlsam, es schmilzt mir das Herz, wenn ich daran denke, wie er sein kann. … André ist ein großes Gebirge.« Das noble Gefühl wurde immer wieder verletzt, wenn Simone sich klarmachte, dass sie nicht mit der Ausschließlichkeit geliebt wurde, die sie sich von Breton wünschte: »Mich schmerzt nicht, dass André sich mit anderen Frauen vergnügt, sondern dass er mich betrachtet wie diese. Mein Leiden entspringt höheren Beweggründen; Eifersucht kann man es nicht nennen – es ist vielmehr das Gefühl meiner Unwürdigkeit. Ich verachte das Vergnügen, trotzdem macht es mir nichts aus, das Objekt des Vergnügens zu sein. Wenn André mich um meiner Schönheit oder meiner Fröhlichkeit willen liebt, was habe ich von dieser Liebe? Dann könnte ich ebenso mit meiner Liebe allein bleiben. Und dies ist die einzige Antwort, die mir das Leben gibt: sich damit zufriedengeben, mit seiner Liebe allein zu sein. Darum wissen oder sterben.«

Auf Bretons Intermezzo mit Lise Meyer folgte die nächste Affäre. Der Zufall spielte ihm eine Frau in die Arme, mit der nur knapp zwei Wochen verbrachte, der er jedoch literarische Ewigkeit verlieh. Nadja entsprach besser als jede andere zuvor seinem Ideal der besinnungslosen Leidenschaft. Die Vierundzwanzigjährige kreuzte am 4. Oktober 1926 in der Rue Lafayette Bretons Weg. Inmitten der hastenden Menge war sie ihm aufgefallen, und er konnte nicht anders, als sie anzusprechen. Nadja, arm und aus ungeordneten Verhältnissen, löste bei ihm gleich Sympathie für sie als ein Opfer der Gesellschaft aus. Völlig hingerissen war er von ihrer assoziativen Fantasie, die ihn an die Methode des automatischen Schreibens erinnerte, und die er glorifizierte, ohne sehen zu wollen, dass sie in Nadjas ernsten psychischen Störungen gründete. Auf die Frage, wer sie sei, gab sie ihm zur Antwort: »Ich bin die wandernde Seele.« An mehreren aufeinanderfolgenden Tagen verabredete sich Breton mit Nadja, und sie ließen sich durch die Pariser Straßen treiben. Minutiös unterrichtete er seine Freunde und Simone, die sich gerade in Straßburg aufhielt, über die unvorhergesehene Bekanntschaft: »Wieder erzähle ich Dir von Nadja. Ich erzähle Dir sogar auf besondere Art von ihr. Das heißt in einem Wort auch, was tun? Ich hatte erneut Unterhaltungen mit ihr, und jedes Mal frage ich mich, wem ich sie zu verdanken habe, meinem

Jähzorn, meiner Langeweile, meiner Sanftmut oder dieser zwangsläufig ungerechten Idee, die ich von ihrer Herzlosigkeit und ihrer Uneigennützigkeit habe.« Mit Zustimmung seiner Frau verkaufte Breton ein Gemälde, um Nadja aus Geldnot zu helfen und von der Idee abzubringen, sich zu prostituieren. Die Toleranz, die Simone abverlangt wurde, unterschied sich kaum von der Duldsamkeit, die seit je als Tugend der treuen Ehefrau galt. »André brachte Nadja vorgestern in die Galerie mit«, ließ Simone Denise am 7. November 1926 wissen. »Wirklich eine merkwürdige Frau.« Nadja war verlegen und unbeholfen, Simone freundlich und zuvorkommend; sie respektierte die Bedeutung, die Breton der Unbekannten beimaß – eine Geduldsprobe, die sie nur bestehen konnte, wenn sie Nadja nicht als Konkurrentin, sondern als surrealistisches Medium begriff. Breton hatte ihr erklärt: »Ich liebe diese Frau nicht, und wahrscheinlich werde ich sie niemals lieben. Allein, sie ist imstande, all meine Vorlieben und meine Art zu lieben anzusprechen, Du weißt, warum. Doch deshalb ist sie nicht minder gefährlich!« Nach ein paar Tagen war die Episode beendet, doch sie hatte Breton gezeigt, welche Kompromisslosigkeit er von der Liebe erwartete, »sich nach nichts anderem zu richten als der reinen Intuition und ununterbrochen an das Wunder zu glauben.« Sinnbildlich dafür steht die in *Nadja* beschriebene Szene, eine abendliche Autofahrt von Versailles nach Paris, bei der seine Begleiterin ihm, der am Steuer saß, beide Hände vor die Augen legte. Sie wollte, »dass wir im Vergessen, das ein endloser Kuss gewährt, und zweifellos für alle Ewigkeit nur mehr einer für den anderen existierten und so in voller Fahrt auf die schönen Bäume zusteuerten. Welch eine Probe für die Liebe, in der Tat!« Breton, der in Varengeville nahe Dieppe in Klausur gegangen war, um *Nadja* zu schreiben, eröffnete Simone, die sich ihrerseits mit den Tanguys, Marcel Noll und Max Morise an der Kanal-küste aufhielt, er fühle sich nun »völlig umnebelt« und trotz der Lebensenergie, die Nadja ihm gebe, »mit aller Gewalt von dem angezogen, was ihn vom Leben ent-ferne«. Aragon, der sich zu diesem Zeitpunkt mit sei-ner Freundin Nancy Cunard ebenfalls in Varengeville aufhielt, erlebte Breton als bedrückt und melancho-lisch. Breton wusste, dass sich mit Nadja, die ein lite-rarisches Phänomen für ihn darstellte, auf Dauer nicht leben ließ. »Dieses Desaster betrifft mich genauso wie sie, und deshalb all jene, die ich liebe.«

Suzanne Muzard und der Anfang vom Ende

Im November 1927, Breton hatte gerade das *Nadja*-Manuskript abgeschlossen, traf er in seinem Stammcafé, dem Cyrano an der Place Clichy, einen Bekannten, den Romancier Emmanuel Berl. Er war in Begleitung seiner Geliebten, Suzanne Muzard. Kein Monat verging, und Breton brach mit Suzanne an die Côte d'Azur auf – nicht, ohne vorher Simones Erlaub-nis dafür einzuholen. Die spontanen Eskapaden ih-res Mannes waren ja nichts Neues, doch diesmal soll-te es nicht bei einer Blitzaffäre bleiben. Das Verhältnis zwischen Breton und Suzanne dauerte fast ein Jahr, in dem sich das Liebespaar überwiegend an der Küste im Süden oder in der Bretagne aufhielt, als Breton seiner

*»Ich glaube an die Schicksalhaftigkeit meiner Begegnung
mit Suzanne, ich will sie nicht verlieren, sie und
ihr tragisches Verhältnis zum Leben ...«
André Breton und Suzanne Muzard, 1929*

Frau gestand: »Suzanne ist kein Abenteuer für mich.«
Sie entsprach nicht nur äußerlich dem fragilen, weltentrückt wirkenden Frauentyp, der Breton magnetisierte, sondern sprach oft in Rätseln und neigte zu hysterischen Ausbrüchen. »Vielleicht ist Suzanne vollkommen verrückt«, schrieb Breton an Simone. »Bei ihr vermute ich das viel öfter, als ich es von Nadja dachte.« Kam er ein paar Tage nicht zum Schreiben, schickte er Simone Telegramme nach Paris: »Bin mit Suzanne, Kuss, André.« Solche Kurzgrüße stellten ein Ritual dar, das Bretons Sicherheitsgefühl diente, solange Simone nur antwortete. Zuweilen lag sogar ein Gruß der Geliebten an die Ehefrau bei: »Simone ... bin in Ihrem Pulli aufgebrochen ... Denke von Herzen an Sie ... ich vergesse nicht, dass Sie die einzige Frau sind, die ich ernst nehme und für die ich zärtliche, freundschaftliche Gefühle empfinde. Suzanne.«

De facto war also seit geraumer Zeit eine andere Frau Bretons Lebensgefährtin, während Simone immer mehr zu einer Fiktion wurde. Sie war zwar nicht allein – keine Penelope, die auf ihren Odysseus wartete, denn es gab ja Morise –, doch in den letzten Jahren wurde der Graben zwischen gelebter Wirklichkeit und dem Ideal exklusiver Liebe, das Simone für Breton als Ehefrau hätte erfüllen sollen, immer tiefer. Simone hatte Breton durch Herkunft und Bildung, durch Zuverlässigkeit und Disziplin Selbstvertrauen geben können; eine *Amour fou* lebten sie nicht. Zu den alltäglichen Abnutzungserscheinungen des Ehelebens kam hinzu, dass sich Simone Bretons Autorität fügte. In seinem Leben war sie ein stabiler Gegenpol zu den wechselnden Erscheinungen der poetisierten und idealisierten

Frauen – eine Rolle, die sie lange hinnahm. Ihre Ausschließlichkeit in Bretons Leben war zum Ausgeschlossensein geworden. Er schrieb am 9. September 1927: »Würde ich nicht diese Krisen von Pessimismus durchmachen, die sich mit aller Macht gegen mich selbst richten, so hätte ich Dir niemals das geringste Leid zugefügt. Was du für mich repräsentierst, soweit dieses Wort einen Sinn besitzt, ist alles, was mich ans Leben bindet.«

Im Sommer 1928, als Simone mit dem Geliebten Max und Schwester Janine im Finistère weilte, schrieb Breton scherzhaft: »Berichte mir Neues von Max Morise, ich hoffe, Ihr badet nicht zu viel, kurzum: Das wäre besonders ungehörig.« Im Gegenzug wollte Simone etwas über Suzanne erfahren, doch Breton schrieb zurück: »Du sagst, ich soll Dir von Suzanne berichten, dabei ist sie doch der Grund für den großen Vorwurf, den Du mir so frank und frei machst, nicht wahr? Was soll ich Dir schon über sie sagen, was Du nicht selbst genau wüsstest?« Beunruhigt von Suzannes depressiven Zuständen, forderte Breton seine Frau auf, »mitfühlend zu sein und nicht grundlos zu verurteilen. Aber auf jeden Fall musst Du Deine Kritik und den Kummer, den ich Dir bereite, ohne Zögern aussprechen. Ich bitte Dich darum.«

Simone, gerade dreißig geworden, klagte in ihren Briefen, dass sie ihr Leben verspielt habe, worauf Breton mit einiger Vermessenheit antwortete, sie solle keinen Unsinn reden, er selbst kenne diese Bedrängnis, für eine komplexe Natur wie ihn sei das normal. Simones Schwäche bedrohte Bretons Selbstbewusstsein in einer Beziehung, die von ihm immer noch wie eine Affäre gehandhabt wurde, in Wirklichkeit aber zum Dauerzustand geworden war – seit zehn Monaten schon. »Ich habe mich über Deinen Brief geärgert«, schrieb er im August 1928 an Simone, »es ist reine Illusion, entspringt Deiner augenblicklich sehr großen Nervosität, aber der Grund, über den Du Dich beklagst, bleibt rein äußerlich, kurzum, unbedeutend.« Immer wieder versicherte er Simone: »Du weißt, dass mich nichts, ganz und gar nichts, von Dir abbringen kann, und dass sich das nicht ändern wird, solange Du mir die Gnade einiger Ausnahmen erteilst.« Je deutlicher Simone ihren schmerzlichen Empfindungen Ausdruck verlieh, umso mehr nahm Breton die Geliebte in Schutz und verteidigte sie gegen seine Frau: »Suzanne geht es viel besser, sie ist wesentlich ruhiger und vernünftiger. Es ist ungerecht zu denken, sie täte alles, um von mir das zu bekommen, was Du aus Feingefühl nicht zu bekommen versucht hast. Diese Unterstellung ist ihrer und meiner nicht würdig.« Im Ton eines Sozialromantikers schilderte er Suzannes armselige Vergangenheit, ihr »verfluchtes Leben«, von dessen Härten sie, Simone, keine Ahnung habe. »Du kennst die Straße nicht, weißt nichts von den Fabriken in Aubervilliers, nichts von der Prostitution. Du kannst nicht verstehen, wovon ich hier rede.« Aber Suzannes Hysterie hatte die gleichen Ursachen wie Simones Unbehagen: Sie hielt es nicht länger aus, den Geliebten mit einer anderen Frau teilen zu müssen. »Genau meine Art und Weise«, schrieb Breton im November 1928, »Dich ihr gegenüber weiterhin ganz meinem Leben angehören zu lassen, für uns beide zu antworten, nicht unter moralischen Vorbehalten zu leiden, undsoweiter, das, und nur das, versetzte Suzanne in ständige Aufregung und entsetzliche Unruhe.« Suzanne verlangte als Liebesbeweis ein Opfer von Breton – eine Forderung, die dem Romantiker in ihm durchaus gefiel. Er zeigte sich bereit, ihr den Heiratswunsch zu erfüllen, obwohl er damit die Amor fou in bürgerliche Verhältnisse lenken würde. Im Namen Suzannes, die befürchtete, Breton »könne sie von einem Moment auf den anderen nicht mehr lieben«, beschwor er Simone einmal mehr, Verständnis für die Konsequenzen zu haben, die sich für sie selbst daraus ergaben: »Ich glaube an die Schicksalhaftigkeit meiner Begegnung mit Suzanne, ich will sie nicht verlieren, sie und ihr tragisches Verhältnis zum Leben, das mit mir zu tun hat. Alles andere hieße für mich, eine Niederlage einzustecken, die kaum schlimmer sein könnte. Das würde ich nicht verwinden. Ich will für diese Frau ein Grund zum Leben sein, einfach deshalb, weil ich sonst für sie der Grund zum Sterben wäre. Das darf nicht sein. – Simone, versuche, mich zu verstehen, ich bitte Dich. Versuche, diesen Brief zu begreifen. Ich bin so sehr auf Dich bedacht.« Hingerissen von Suzannes Unberechenbarkeit und Impulsivität, wurde er deutlich: Er verlangte von Simone die Scheidung. »Dies ist also die Neuigkeit, die schlimmer ist als alles Schweigen … Du magst sie hinnehmen, wie Du willst, ohne mich jemals dafür anzuklagen. Du darfst sogar ungerecht werden, meine liebe Simone.« Breton, geschickt im Abwälzen von Verantwortung, machte nun Suzanne, die »diese schrecklichen Reaktionen ausgelöst hat, deren Opfer ich war genauso wie Du«, zur Nemesis. Doch was ging die Zweisamkeit mit einer anderen Frau Simone noch an, außer, dass sie sich mit dem

Trennungsgedanken vertraut machen musste? Breton forderte sie auf, einen Anwalt aufzusuchen, als Geschädigte müsse sie die Initiative ergreifen. Sie solle sich irgendeine »schwere Kränkung« ausdenken, die er ihr zugefügt habe. »… es scheint mir unnötig, das weiter auszuführen. Meine Liebe, ich hatte nie den Wunsch, Dich zu beleidigen oder Dir das geringste Leid zuzufügen und habe ihn auch jetzt nicht.« Simone hatte allzu lange nur passiv zugesehen, nun war es zu spät, um den Kampf um ihre Ehe anzutreten. Breton entzog sich jeder weiteren Diskussion, indem er Simones Lage und den Lauf der Dinge dem Schicksal zuschrieb. »Ich bitte Dich, mich freizugeben.«

Während der Scheidungsverhandlungen im Spätjahr 1928 kam die Wahrheit über Simones Verhältnis mit Max Morise ans Licht. Breton war zutiefst verletzt. »Bei einem Essen am Tag Deiner Ankunft neulich in Paris hattest Du mir geschworen, dass ich über Deine Beziehung zu Max Morise vollständig informiert sei. Und Du erzähltest mir weitere Geschichten, die ich hätte kennen sollen, aber in meiner Unschuld nicht kannte.« Breton rühmte sich nun umso mehr seiner Offenheit: »Ich kann mit Stolz von mir sagen, meine Verabredungen stets in aller Offenheit getroffen zu haben. Ich habe nichts vor Dir versteckt, außerdem habe ich immer alles vorbehaltlos respektiert, was ich von Dir wusste (wie dumm). Das Wunder der Liebe, die Du für mich empfindest, wie Du sagtest. Ich habe daran geglaubt, habe ihm lange Zeit alles geopfert.« Simone musste sich fragen lassen: »Ließ ich Dir nicht alle Freiheiten?« Er warf ihr »doppeltes Spiel« vor, sprach ihr ab, ihn jemals geliebt zu haben. Dass Simone ihn all die Jahre betrogen habe, sei der »schlimmste Vertrauensbruch«, der ihm je widerfahren sei. »Ich bereue unter diesen Umständen all meine Skrupel. ... Magst Du schon nicht mehr das Recht besitzen, mir zu sagen, dass Du mich liebst, so habe ich die Pflicht, Dir mitzuteilen, dass ich Dich wirklich nicht mehr liebe. André Breton.« Simone hatte aus ihm einen *cocu*, einen gehörnten Ehemann gemacht. In *Die kommunizierenden Röhren* schrieb er: »Eine Frau, die ›meine‹ Frau gewesen ist, hatte ihrerseits eine regelrechte Phobie diesem Wort gegenüber.« Breton sah sich als Opfer. In der *Révolution Surréaliste* lancierte er nicht zufällig zum Zeitpunkt seiner Scheidung von Simone die Leserumfrage ›Welche Art der Hoffnung setzen Sie in die Liebe?‹.

Die Scheidung wurde an 30. März 1929 rechtskräftig. Doch bis alle Rechnungen beglichen waren, fielen noch viele böse Worte. Im Mai 1930 schrieb Simone André in einem der letzten Briefe: »Du findest also Gefallen an den gewöhnlichsten Mitteln, indem Du auf die vulgärste Niederträchtigkeit verfällst, das zu unterwandern, was ich als mein höchstes Gut bewahrt hatte: die Liebe und die Idee von der Liebe, verkörpert in einem einzigen Menschen. ... Im Beisein der anderen habe ich mich allzu lange verstellt – Die Braut war so schön! – ein Spiel, in dem du Deine ›Aufrichtigkeit‹ und Deine ›Genialität‹ zur Schau stellen konntest. Am Ende ist Dir all das weniger bewusst als man meint, und Du bist schlicht und ergreifend nur dumm.«

Nach der Trennung

Simone hatte die Wohnung in der Rue Fontaine geräumt und lebte allein in der Rue de la Convention im 15. Arrondissement. Doch in der Rue Fontaine blieb auch ihre Nebenbuhlerin nicht lange; Suzanne Muzard war bald zu Emmanuel Berl zurückgekehrt und hatte ihn im Dezember 1928 geheiratet. 1975 über den einstigen Liebhaber befragt, sagte sie: »Breton umgab seine Liebesverhältnisse mit Weihe; er formte die Frau, die er liebte, sodass sie, seinen Vorstellungen entsprechend, zu einem verlässlichen Wert wurde. Folglich war ich nichts als ein Gegenstand der Enttäuschung, da ich unvereinbar mit seinen Vorstellungen war.« Simone und Suzanne wurden zu Opfern derselben Erlösungsvorstellung, die Breton von der Liebe hatte und die weder Ehefrau noch Geliebte auf Dauer befriedigen konnten. Er geriet in finanzielle Nöte, Simones Mitgift hatte seine Existenzgrundlage ausgemacht. Der verschuldete Breton flüchtete vor den Gerichtsvollziehern ins Terrass Hôtel am Montmartre, wo auch Paul Éluard logierte, der den Freund nur mühsam wieder aufrichten konnte. Breton war an einem Tiefpunkt seines Lebens angekommen.

Simones Verhältnis mit Morise hatte weiter Bestand, doch seinem Wunsch, eine gemeinsame Wohnung zu nehmen, gab sie nicht nach. Als sie 1934 den Soziologieprofessor Michel Collinet kennenlernte, gingen sie und Morise getrennter Wege, und 1938 heiratete sie Collinet. Ein Jahr später war Simone ihrer jüdischen Herkunft wegen gezwungen unterzutauchen, sie lebte unter falschem Namen in der Sologne, brachte in dieser ungewissen Zeit ihre Tochter Sylvie zur Welt. 1948 erwarb Simone Collinet eine Galerie in der Rue Jacob im 6. Arrondissement und nutzte die früheren Kontakte zu Künstlern wie Max Ernst oder Salvador Dalí für Ausstellungen. Simone starb 1980, dreiundachtzig Jahre alt, in Paris. Sie liegt auf dem Friedhof Montparnasse begraben.

Helene Dimitriewna Diakonowa, genannt Gala, Anfang der 1920er-Jahre – »Erste der Welt« für Paul Éluard

Gala Éluard
Die selbstbewusste Muse

»Helene Dimitriewna Diakonowa wurde 1893 in Kasan an der Wolga geboren.«

»Die einzigen nüchternen Fakten, die Gala bereitwillig preisgab, waren, dass sie 1895 als Helene Dimitriewna Diakonowa in Kasan, einer russischen Universitätsstadt an der Wolga geboren wurde.«

»Sie kam am 26. August 1894 im Zeichen der Jungfrau zur Welt.«

Drei Biografen, drei voneinander abweichende Geburtsdaten – mit Gewissheit bleibt nur zu sagen, dass die Vita der Helene Dimitriewna Diakonowa mit einer Ungewissheit beginnt. Immer wieder lud ihre Person zur Mythenbildung ein, sie war eine poetische Erfindung Paul Éluards, das Gesicht auf unzähligen Gemälden Salvador Dalís. Während die heiratsbedingte Veränderung des Nachnamens aus Frauen unauffindbare Personen machen kann, blieb ihr Vorname identitätsstiftendes Pseudonym: Gala. Sie gab sich eigenmächtig diesen Vornamen, als sie das Elternhaus im Jahre 1912 verließ. Den persönlichen Mythos hatte sie selbst kultiviert, sich nie ausführlich über ihr Leben geäußert wie Elsa Triolet, keine Memoiren geschrieben wie Claire Goll, die Kunstsammlerin Peggy Guggenheim oder die Malerin und letzte Frau Max Ernsts, Dorothea Tanning. Gala erzählte nicht von sich, sondern inszenierte sich und ließ sich inszenieren. Sie führte selbst Regie, um den Mythos noch zu steigern, der sich um sie zu bilden begonnen hatte.

Galas leiblicher Vater war allein und verarmt in Sibirien gestorben, wo er nicht auf die Goldader gestoßen war, die zu finden er gehofft hatte. Galas Mutter, Antonina Diakonowa, lebte bald nach seinem Tod mit einem wohlhabenden Anwalt zusammen, was zwar eine kluge pragmatische Entscheidung war, weil sie den gesellschaftlichen Aufstieg der Familie in den gehobenen Mittelstand bewirkte, die Mutter jedoch in den Ruf einer moralisch verkommenen Frau brachte. Ein Vorteil, dass der neue Mann sowohl zum Adel als auch zu revolutionären Kreisen gute Beziehungen unterhielt, wodurch die Familie vor Razzien und politischen Übergriffen beider Seiten bewahrt blieb. Die Mutter, ganz mit sich und dem neuen Partner beschäftigt, kümmerte sich wenig um die Kinder. Vom Stiefvater heißt es, er habe Gala den drei Geschwistern, Lidia, Nikolaj und Vadim, vorgezogen, sodass sie bereits als Kind die Diva im Hause habe spielen können. Gala erschuf sich früh imaginäre, durch das Lesen gespeiste Welten, zu denen keiner Zutritt hatte. Zu ihren Freundinnen gehörte die spätere Dichterin Marina Zwetajewa, die als Kind bereits weit gereist war und Gala von fernen Orten vorschwärmte. Marina rezitierte ihre neuen Gedichte, und Gala hörte begeistert zu. Die Fantasiereisen schufen der alltäglichen Tristesse Abhilfe. Tschechow hatte mit den *Drei Schwestern* ein Drama geschrieben, das von der Langeweile und dem

Überdruss jener russischen Frauen erzählt, denen das Universitätsstudium im zaristischen Russland versagt blieb, die aber aufgrund ihrer zumeist durch häusliche Unterweisung erworbene Bildung intelligente und dabei völlig unterforderte Menschen waren. Um nicht als Blaustrümpfe deklassiert zu werden, mussten sie heiraten und gerieten oft an ungebildete Männer, die zwar das Sagen hatten, jedoch weit davon entfernt waren, ihren Frauen Gesprächspartner auf Augenhöhe zu sein. Tolstois *Anna Karenina* wiederum ist Opfer einer patriarchalischen Gesellschaft, aus der es kaum einen Ausweg gab, wenn die in der Literatur angebotenen, rettenden romantischen Welten keinen Trost mehr spenden konnten. Solch einem Schicksal wollte Gala entrinnen. Schon wurde sie von Heiratskandidaten umschwärmt, die die Eltern als geeignet ansahen, doch Gala, zu Höherem berufen, schrieb später in einem ihrer Briefe an Paul Éluard: »Keinen Mann habe ich geküsst, sondern misstraute ihnen allen und machte mich über sie lustig, wenn sie mir schöntaten!«

Begegnung auf dem Zauberberg

Bereits als Kind musste Gala ihre schwachen Lungen wiederholt in Moskauer Sanatorien kurieren lassen. Ärztliche Diagnosen wurden mit weniger wissenschaftlicher Präzision gestellt als heute, verordnet wurden Luftveränderung, Trink- und Liegekuren. Tuberkulose war vielleicht doch nur ein anderer Name für Galas labilen Zustand, dessen tiefere Ursache das Leiden an trostlosen Verhältnissen war. Gala ging Ende

1912 auf eine lange Reise ins schweizerische Davos –
eine annehmbare Strapaze, da der Weg ins Freie führte.
Das Lungensanatorium in Clavadel oberhalb des Or-
tes präsentierte sich als abgeschlossene Welt, wo Gala
dem Zugriff der Familie entzogen war. Mahlzeiten im
Speisesaal, Ruhestunden im Liegestuhl zwischen den
Auskultationen und Anwendungen galten vor allem
der Beobachtung der Leidensgenossen. Die Russen
waren traditionell zahlreich, schon während der Belle
Époque bevölkerten betuchte Adlige Nobelhotels,
Spielcasinos, renommierte Badeorte und Sanatorien.
Der Ruf von Exotik und Distinguiertheit des Fremden ergab sich vor allem aus diesem Typus des reichen,
reisenden Ausländers. Gala, die ganz allein, nicht, wie
üblich, im Familienclan auftrat, mied den Anschluss
an die Landsleute. Sie zog sich meistens zurück, ging
gleich nach den Essen wieder auf ihr Zimmer, aus dem
sie ein mit Büchern und ihren Lieblingsbildern ange-
fülltes Refugium gemacht hatte.

Einige Tage vor Gala war aus Paris der am 14. Dezember 1895 geborene, also gerade siebzehn Jahre alt
gewordene Eugène-Émile Grindel alias Paul Éluard
in Clavadel eingetroffen. Sein Lungenleiden zwang
ihn zur Unterbrechung seiner Ausbildung als Buch-
halter – die er durch den hereinbrechenden Krieg und
abgelenkt von der Poesie nie mehr wiederaufnehmen
sollte. Die Krankheit kam ihm gelegen, denn die Kur
in Clavadel und der Lauf der Geschichte fällten Ent-
scheidungen für den Unentschlossenen, den eine Zukunft in einem bürgerlichen Beruf, als Geschäftsmann
in den Fußstapfen seines Vaters, wenig reizte. Seine Abkehr von den Vorbildern war durchaus nicht an

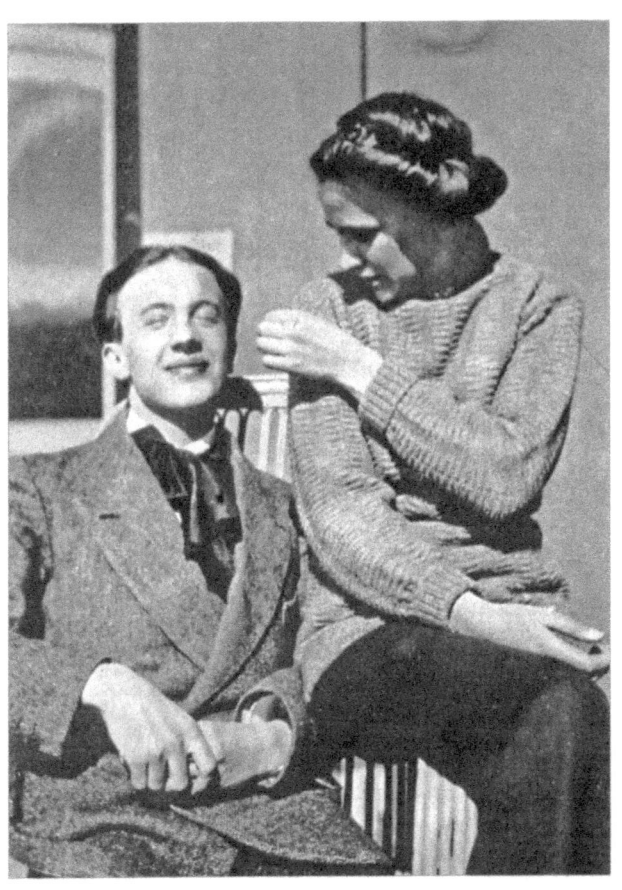

Paul Éluard und Gala, die Liebenden von Clavadel,
1913 bei der Kur auf dem »Zauberberg«

unmittelbare alternative Vorstellungen einer besseren Zukunft geknüpft. Der Sanatoriumsaufenthalt stellte ein zeitliches Vakuum dar, in dem der Dichter Éluard heranreifte, woran Gala maßgeblich beteiligt sein sollte. Schnell wurde Éluard auf sie aufmerksam: Sie war eine ungewöhnliche Schönheit, vor allem durch ihre magnetisierenden Augen, die später als die Augen der *Femme visible*, der sichtbaren Frau, von einem surrealistischen Gemeinschaftswerk blicken würden. Aber ganz besonders erkannte sich der Einzelgänger in der eigenwilligen jungen Frau wieder. Wird Gala später auch eine Person des öffentlichen Lebens sein, so fühlte sie sich in Gemeinschaften nie recht wohl, und auch Éluard wird sich im Kreise der Surrealisten stets als Außenseiter ausnehmen. Gala lernte durch Éluard jene Kultbücher kennen, an denen die Pariser Avantgarde sich entzündete. Sie tauschten auf Zettelchen gekritzelte Botschaften aus, auf einem, von Galas Hand: »Ich bin Ihre Schülerin!« Auf einem Maskenball im Sanatorium traten sie als Pierrot und Pierrette verkleidet auf. Die Liebe gedieh in einem künstlichen Paradies in dünner Höhenluft, fernab von Alltag und Weltgeschichte, wo die nicht einmal Zwanzigjährigen ihre Zuneigung in der Sorglosigkeit noch nicht aufgegebener Spiele gründen konnten; Clavadel bot sich als Ort der verlängerten Kindheit an, in die die Liebe Einzug hielt. Sprachverliebtheit und sehnsüchtig erwartete Erfahrung der Liebe einer Frau vereinigten sich für den angehenden Dichter in seiner Poesie: Schon bald, am 1. Dezember 1913, erschienen Éluards erste Gedichte, inspiriert von Gala, finanziert von seiner Mutter, die ihr einziges Kind über die Maßen vergötterte. So wie sich zwischen

Breton und Aragon über gemeinsame Lektüre ein nahezu zärtliches geistiges Verhältnis entwickelte, war für Éluard die Begegnung mit Gala untrennbar verbunden mit seiner künstlerischen Initiation. Éluards *Erste der Welt* – Titel eines frühen Gedichts – war Gala.

1914 erschien Éluards Gedichtsammlung *Dialogues des Inutiles* (*Dialoge der Unnützen*) mit einem Vorwort von Gala: »Wundern Sie sich nicht, wenn eine Frau – vielmehr: eine Unbekannte – dem Leser dieses Bändchen vorstellt.« Sie zeichnete mit »Reine de Paleùglnn«, ein kryptischer Name, der auf einem Anagramm basiert, aufzuschlüsseln als: A P.E. G. UN RIEN D'ELLEN: A Paul Éluard, Gala, un rien d'Ellen. Ellen ist die anglisierte Form von Helene. Die vierzehn Minimal-Dialoge waren in Zusammenarbeit der beiden Verliebten entstanden, die sich in der Abgeschiedenheit des Sanatoriums vielleicht wirklich wie zwei Unnütze in der Welt empfanden. Den spielerischen Ernst dadaistischer Textcollagen vorwegnehmend, gefielen sich Gala und Paul in den literarisierten Rollen als Liebende. *Réciprocité*, Gegenseitigkeit, heißt denn auch der folgende Dialog:

»Poète! Poète!
Et toi, Poesie!
Toi des hommes le moins bête!
Et toi muse sans hystérie!
Oh! toi! tu m'aimes, dis-le moi. Les mots
ne se quitteront pas. La vie est belle, belle, belle!
Oh! dis-le moi.«

»Dichter! Dichter!
Und du, Poesie!
Du, von den Männern der Klügste noch!
Und du Muse ohne Hysterie!
Oh! Du! Sag', dass du mich liebst. Die Wörter
werden sich nicht trennen. Das Leben ist schön,
schön, schön! Oh! sag' es mir.«

Ankunft in Paris

Nur ungern verließen die beiden Rekonvaleszenten den
Ort ihrer Begegnung. Éluard reiste im Februar 1914
aus Davos ab. Zuvor hatten sie sich ewige Liebe geschworen und heimlich verlobt, Gala gelobte, für immer nach Paris zu kommen, sobald sie volljährig wäre.
Noch musste sie zurück in die elterliche Obhut nach
Kasan. Als sie die Rückreise antrat, war bereits Krieg,
Militärtransporte auf allen Gleisen, der Zug kam kaum
voran. Éluard wurde ungeachtet seiner angeschlagenen
Gesundheit im Dezember eingezogen. Als Lazarett-
helfer stand er nicht unmittelbar unter Beschuss, aber
da er an der Somme, einem Hauptkriegsschauplatz,
stationiert war, zeigte sich ihm das ganze Grauen des
Krieges in Gestalt der Verwundeten und Moribunden,
die unter seinen Händen starben. Das Kriegsgeschehen
ließ die Entfernung zwischen Gala und ihrer Liebe
noch größer erscheinen; aufgrund des französisch-
russischen Kriegsbündnisses gab es zwar eine Postver-
bindung zwischen beiden Staaten, aber die Beförde-
rung der Briefe zog sich über Wochen hin. Mit dem
Schweigen zwischen zwei Nachrichten wuchs stets die

Angst, Paul könnte schließlich doch als Kämpfer an die Front gekommen und gefallen sein. Mit der Volljährigkeit war die schreckliche Wartezeit endlich um; die Eltern konnten Gala nicht länger daran hindern, zu jenem jungen Franzosen zu eilen, den sie nie zu Gesicht bekommen sollten. Éluard seinerseits musste bei seinen Eltern zunächst Überzeugungsarbeit leisten, denn die Zukünftige entstammte nicht den wunschgemäßen Kreisen der französischen Bourgeoisie, als Russin war sie eine Exotin, eine Spionin gar? Gegenüber seinem Vater sprach Éluard von Galas Vorzügen: »Ich habe eine Frau gewählt, deren Schlichtheit, Reinheit, Zärtlichkeit und Liebe ich Ihnen, der um diese Tugenden weiß, nicht beschreiben muss.« In seinen Gedichten hielt er sie rein wie die Sprache, die er ihr anverwandelte: »*Son corps est un poème jaune, / Impassible, splendide et fier / méprisant de toute chair.*« Gala kam im August 1916 in einem Paris an, das nicht der erträumten Lichterstadt entsprach, sondern vom Krieg gezeichnet war. »*La petite chérie arrive à Paris. Paris fait du bruit. Paris fait du bruit.*« Leere Geschäfte, Kriegsinvaliden und eine Menge Strohwitwen, zu denen jetzt auch Gala gehörte. Das Wiedersehen ersehnten und fürchteten die Verlobten gleichermaßen. Fast zwei Jahre hatten sie Zeit gehabt, Idealvorstellungen einer gemeinsamen Zukunft zu hegen und zu pflegen. Nicht trotz, sondern gerade wegen der vielen Liebesworte, die gefallen waren, kam die Wirklichkeit nun als große Unbekannte auf sie zu. Gala wohnte bei den Schwiegereltern, 3, Rue Ordener, nördlich des Montmartre. Auf der Flucht vor der familiären Enge des Elternhauses war sie geradewegs in Verhältnisse hineingeraten, wie sie erdrückender kaum sein konnten. Inmitten der matriarchalischen Grindel-Sippe – auch Grindel senior war im Krieg –, wo neben der Schwiegermutter auch noch Pauls Großmutter waltete, fand Gala nichts so vor, wie sie es sich aus der Ferne ausgemalt hatte. »Deine Tante aus Brey ist wieder gesund. Sie redete viel und machte noch mehr Krach.« Mme Grindel zwang Gala zu ständigem Gehorsam. Galas Pläne, in Paris als Modezeichnerin zu arbeiten, redete die gelernte Schneiderin ihr gleich wieder aus, die künftige Schwiegertochter sollte eine gute Hausfrau und Mutter werden. Das Glück zu zweit, exklusiv wie in Clavadel, verlangte also erneut Aufschub, und nach wie vor fanden die Unterhaltungen der Verlobten vornehmlich in Briefen statt. Gala mochte sich mit den schriftlichen Beschwörungen einer aufgeschobenen Gegenwart zu zweit ohnehin schon nicht länger zufriedengeben, da teilte Paul ihr Mitte November 1916 ohne Umschweife mit, er wolle sich freiwillig zur Infanterie melden. Gala zeigte sich darüber mehr als entsetzt; dieser Schritt gefährdete das gemeinsame Glück, war ein Verrat an ihrer Liebe. Doch der stets Kränkliche wollte sich durch diese patriotische Tat seinen Mannesmut und seine Wehrhaftigkeit beweisen; als Dichternatur in jener weltbewegten Epoche verspürte er plötzlich einen Mangel an Lebensunmittelbarkeit. Galas Briefe ins Feld, in denen sie Paul von seinem Entschluss abzubringen versuchte, changieren zwischen trauriger Hilflosigkeit und heftigem Zorn: »Ich besitze nichts, weder Stolz noch Ehrgeiz, ich bin wie nackt vor Dir und sehr schwach«, schrieb sie im November 1916. »Vielleicht ist es Dir entgangen, aber ich habe viel für Dich getan und tue es noch. Mein ganzes Leben, meine ganze Seele, mein Blut habe ich Dir geweiht. Nicht alle Frauen würden dies tun, wenn Du gehst, dann ist dies, als ob Du mich zurückweist, ja, mein Leben verschmähst.« Gala war enttäuscht. Im gemeinsamen Einvernehmen war sie nach Paris gekommen, im Sinne des romantischen Paares, das sie sein wollten. »Nur musst Du ein für allemal begreifen, ich habe nichts von mir, mich besitzt Du ganz und gar. Und wenn Du mich liebst, dann wirst Du auf Dein wertvolles Leben aufpassen, denn ohne Dich werde ich wie eine leere Hülle sein. Du hast mein Leben auf Dir. Wenn Du mich liebst, dann hütest Du es, wenn Du mich hasst, dann wirfst Du es weg oder behandelst es böse, brutal. … Das ist schrecklich, und darum, wenn ich Dich verlieren würde, würde ich auch mich selbst verlieren, und ich wäre nicht schon Gala, ich wäre eine Frau, wie es Tausende und Tausende gibt.« Wenn er im Lazarett bliebe, wäre dies der größte Liebesbeweis: »Ich habe Dir bewiesen. Ich bin zu Dir gekommen. Beweise Du mir jetzt auch. Dazubleiben mit den Kleinbürgern ist das ganze Gegenteil von Feigheit. Wenn Du wüsstest, welche Enttäuschung das ist für mich, dass ich Dich bitten, anflehen muss – wie ein Almosen –, in Sicherheit zu bleiben und Dein Leben zu bewahren. Du liebst mich nicht so, wie ich Dich liebe.« Gala erinnerte Paul an das geteilte Glück des Lesens: »Allein mit Dir und den Büchern. Und ich würde dann gut und viel lesen, und ich würde Dich recht bald einholen, denn ich fühle, dass ich einen Fortschritt gemacht habe.« Gleichzeitig zeigte sie sich nach wie vor als gelehrige Schülerin: »Schreibe mir, was ich lesen soll, ich will diese Woche der ›Lesung‹ widmen.« –

»… ich lese Verse und Prosa. Ich habe an einem Tag fast ein ganzes Buch geschafft. Ich lese alles. … Sehr und immer mehr mag ich G. Apollinaire – das Gedicht, das zur Hochzeit von André Salmon gelesen wurde. Es gibt recht schöne Gedichte von Jules Romains. … Ich lerne noch mehr Französisch als früher.« Sie übersetzte Literatur aus dem Französischen in ihre Muttersprache, weniger aus eigenem literarischem Ehrgeiz denn für den Hausgebrauch, als produktiven Zeitvertreib, gewissermaßen als Sprachübung, und genauso boten sich die Bücher als Brücken an, die ihr Paul wieder näherbrachten. Ihre Gedanken waren nicht auf einen Beruf oder Familie, sondern darauf gerichtet, die Liebe in ihrem ursprünglichen Zustand zu beleben. »Und wir werden stark sein und nach dem Krieg, Du wirst sehen, leben wir wie die Könige – unabhängig, allein, mit Büchern für uns, mit Liebkosungen nur von uns und nur für uns.« Doch gerade das war zunächst aus ökonomischen Gründen unmöglich. Nun, da Gala inoffiziell schon zur Familie gehörte, musste auch schnell geheiratet werden, zumal Paul und Gala auf Kosten der Grindels lebten, denen sie dadurch besonders verpflichtet waren. Seinen Eltern teilte Éluard mit: »Unsere standesamtliche und kirchliche Eheschließung wird sein wie etliche Eheschließungen in diesen verfluchten Zeiten des großen Krieges. In Anbetracht der fehlenden Zeit und der Unmöglichkeit, alle einzuladen, wird niemand eingeladen werden … Ich will einfach nur zivil und christlich heiraten.« Die konfessionelle Trauung entsprach Galas Wunsch. Paul erhielt vier Tage Fronturlaub, nach denen er sofort wieder abreisen musste, er kam direkt aus dem Feld zur Zeremonie, die

»Ich hasse die Hausarbeit, sie bringt nichts ein und sie ver-
braucht die Kräfte, die armen kleinen Kräfte der Frauen.«
Gala an Paul Éluard – hier als frischvermähltes
Paar am 21.02.1917

am 21. Februar 1917 in der Mairie des 18. Arrondissements unspektakulär vonstatten ging. Aufsehen erregte allerdings Galas extravagantes, grünes Brautkleid; es ließ erahnen, welches *Enfant terrible* darin steckte.

Gala liebte den Luxus. »Ich mache nicht gern den Haushalt, aber mir scheint (Deine Mutter sagt es auch), ich könnte es sehr gut. Aber niemals werde ich wie eine Hausfrau aussehen, ich werde sauber und schmuck sein (hell gekleidet, parfümiert und mit gepflegten Händen) und ich werde viel viel lesen. Ich werde als Zeichnerin oder als Übersetzerin arbeiten. Ich werde alles tun, aber ich werde aussehen wie eine Frau, die nichts anfasst. Meine Mutter nennt mich die ›Prinzessin auf der Erbse‹, weil ich niemals etwas getan habe, nicht einmal für mich. Und ich werde für Dich den Haushalt machen. Du wirst sehen, er wird bei uns sehr schön, sehr sauber sein. Aber niemand wird mich arbeiten sehen, nicht einmal Du. … Ich hasse die Hausarbeit, sie bringt nichts ein und sie verbraucht die Kräfte, die armen kleinen Kräfte der Frauen.« Auch die Geburt der Tochter Cécile am 11. Mai 1918 erlebte Gala als negatives Ereignis. Cécile lebte die meiste Zeit bei den französischen Großeltern. Gala war selbst noch viel zu sehr Kind, so sehr mit sich selbst beschäftigt, brauchte ein so hohes Maß an Aufmerksamkeit, dass sie außerstande war, diese zu geben. Éluard ermahnte Gala auch später immer wieder, sich doch ein wenig um die gemeinsame Tochter zu kümmern, die es zeitlebens ablehnte, sich über ihre Mutter zu äußern.

Unmittelbar nach der Rückkehr aus dem Kriege stieß Éluard im März 1919 durch Vermittlung seines

Freundes Jean Paulhan zum Kreis um den jungen Literaten André Breton. Für Éluard, der sein Geld durch Geschäfte verdiente, die ihm sein Vater, ein Immobilienmakler, zuschusterte, und die dem Musensohn überhaupt keinen Spaß machten, war die Gruppe aus Gleichgesinnten ein Abenteuer. Er veröffentlichte Gedichte in der frisch aus der Taufe gehobenen Zeitschrift *Littérature* und gab, getragen von neuem Selbstbewusstsein, 1920 sogar eine eigene Postille, *Proverbe*, heraus. Er übernahm Rollen bei Aufführungen dadaistischer Stücke, und auch Gala scheute sich nicht vor Publikumsauftritten im Rahmen eines Dada-Spektakels: Am 27. März 1920 wurde in der Maison de l'Œuvre ein Bühnenstück aus der Feder Bretons und Soupaults, *S'il vous plaît*, aufgeführt. Gala deklamierte: »Mein Herr, haben Sie manchmal bei Einbruch der Nacht an die Armut, umherirrend auf dem Trottoir, gedacht?« Gala trug nicht unwesentlich zu Éluards Image bei. Éluard trug ein Aktfoto von ihr in seinem Portefeuille bei sich und zeigte es stolz herum. In einer Zeit, da alles Russische *en vogue* war, erwähnte er gern, wie aufregend es sei, mit einer Russin verheiratet zu sein. Gala gab sich bei Zusammenkünften im Café Cyrano so distanziert, dass jeder sie für arrogant hielt – womöglich war es nur Unsicherheit. Erst später gewann sie an Selbstbewusstsein: »Noch besser als Elsa Triolet«, so wieder Thirion, »wusste Gala, was sie wollte: Herzens- und Sinnenfreuden, Geld und die Gesellschaft eines Genies. Sie wird, nur mit mehr Sinn für das Praktische, die Reinkarnation einer Bettina von Arnim gewesen sein. Für Politik und Philosophie interessierte sie sich nicht, bewertete Menschen danach, was sie in der realen Welt leisteten, und tat die ab, die mittelmäßig waren.« Ihre noch verborgenen Ansprüche, ihr scharfer, observierender Blick, die scheinbare Überheblichkeit führten dazu, dass Gala im Allgemeinen unbeliebt bei den jungen Männern war. Victor Crastre aus dem Kreis der Surrealisten stellte fest: »Wenige Frauen in unseren Versammlungen: nur Mme Breton und Gala Éluard, zuweilen auch André Massons erste Frau waren dabei. Von den dreien hatte Gala am meisten Persönlichkeit: Diese magere Slawin mit den weißglühenden Augen schien von einem (bösen?) Genie besessen zu sein; sie hatte etwas von einer Hexe, einer jungen, charmanten Hexe, die ihren Zauber verbreitete und drohte, Zwietracht in der Gruppe zu säen.« Ihr Hang zur Dramatik fiel ausgerechnet denen auf die Nerven, die sich doch selbst dem lautstarken, öffentlichen Krawall verschrieben hatten. »Opéra, opéra«, faselte der in Hypnosezustand versetzte Robert Desnos auf die Frage, ob Gala bald sterben werde. Wenig aussagekräftiger Unsinn, der aber auf Galas egozentrische Pose anspielte. »Von ihr gelobt zu werden, ist das Einzige, was zählt«, schwärmte Éluard. Solche Hingabe des Freundes, der seine Frau zur Actrice seiner erotischen Fantasien machen konnte, war Breton ein Dorn im Auge, eine Frau, die wichtiger war als er, das Zentralgestirn der Dada-Truppe. Breton richtete an Gala ein paar Zeilen, die auf Éluards Kult um seine Frau gemünzt gewesen sein dürften: »Für Gala, auf deren Brüsten der Hagel eines gewissen Traumes von Verdammung schmilzt. André Breton.«

Die produktiven Missverständnisse der Liebe

Das Ehepaar lebte nun nicht mehr in der Rue Ordener, sondern in einer eigenen Wohnung in Saint-Brice bei Paris, doch die erträumte Zweisamkeit zwischen Gala und Paul wollte sich nicht recht einstellen: Éluard teilte seine Liebe zwischen Gala und den Freunden auf. Aus dem Paar wurde bald ein Trio: Éluard war so begeistert von den Bildern Max Ernsts, die in der Buchhandlung Sans Pareil zu sehen waren, dass er den Maler auf der Stelle kennenlernen wollte, der – als deutscher Staatsbürger aus dem besetzten Rheinland – persönlich nicht zur Vernissage erscheinen konnte. Ein folgenreicher Tag war der 4. November 1921, an dem die Éluards bei Max Ernst und seiner Frau Lou Straus in Köln eintrafen. Sie blieben eine Woche, André und Simone Breton auf der Rückreise von Wien hielten sich auch gerade dort auf. Über Kunst verständigte man sich sogleich; Éluard gehörte zu den ersten Käufern von Ernsts Gemälden. Es folgte ein Gegenbesuch in Paris, für den Éluard dem neuen Freund seinen eigenen Pass schickte, sodass dieser die Grenze 1922 als Eugène Grindel passieren konnte. In Paris kam es zur fruchtbaren Zusammenarbeit beider Männer: *Wiederholungen* und *Die Unglücksfälle der Unsterblichen* vereinten Éluards Texte und Ernsts Collagen. Mit dessen Abschied von Köln vollzog sich gleichzeitig die Trennung von seiner Frau. Auf Einladung der Éluards hin quartierte er sich bei ihnen in Saint-Brice ein, später dann in ihrer neu bezogenen Villa in Eaubonne, in der nordwestlichen Banlieue von Paris, die von Max Ernst mit Wandfriesen ausgestattet wurde. Derweil Éluard sich geschäftlich oder in künstlerischer Mission in der Stadt aufhielt, hatten der Maler und die Strohwitwe Gala Gelegenheit, sich näherzukommen, eine Situation, die von Éluard wenigstens halbwegs intendiert zu sein schien. Éluard, von Soupault als »Sexbesessener« und »Pornograf ersten Ranges« tituliert, in einem Wortspiel von Robert Desnos zum »auserwählten Poeten der Bettlaken« ernannt, bot seinen Freunden Gala zum Beischlaf an – und Gala traf ihre Wahl. Als Verfechter der Erotik des Blicks und der Partizipation stachelte Éluard seine Frau zu einem Verhältnis mit Ernst an, denn er wollte den besten Freund an seiner großen Liebe teilhaben lassen, wünschte gar, dass Gala und Max in seiner Gegenwart miteinander schliefen – eine Form der Homoerotik, dem Bruder im Geiste den Körper seiner Frau zu leihen und somit die eigene Sexualität um das andere Geschlecht zu erweitern? Die Liebe war Éluards Religion und Gala sein Abgott. Im Unterschied zur vollkommen körperlosen Idealität der *Amour fou* des Theoretikers Breton war Éluards Liebe jedoch durchgängig an Erotik gebunden, an die poetische Verehrung von Körperregionen, die vor allem Éluards Briefe an Gala ausmachten. Gala wurde zur Geliebten und zum Fetisch in einer Person; sie den Freunden vorzuführen, kam einem Stammesritual gleich, das Éluards Mannesstolz befriedigte. Das entsprach keineswegs Galas Sehnsucht nach Zweisamkeit, als sie Paul geheiratet hatte, dem Glück im

Max Morise, Paul Éluard, Simone Breton, Joseph Delteil,
Gala Éluard, Pierre Desnos und André Breton, im
Vordergrund Max Ernst, auf dem Jahrmarkt 1923

Elfenbeinturm. Doch als sie erkannte, dass das Eheglück zu zweit nicht funktionierte, schien sie immer größeren Gefallen an der polygamen Verehrung und an der eigenen Lust zu finden. An die Stelle der Intimität mit Éluard trat die Faszination, selbst Mittelpunkt zu sein.

Das Dreiecksverhältnis stellte die Freunde während einer Dada-Expedition 1922 nach Tarrenz in Tirol, damals als Reiseziel der Bohème *up to date*, auf eine harte Probe. Offenbar veranstaltete das gemischte Trio ein solches Brimborium, dass sie den anderen die Urlaubsidylle vergällten. Tristan Tzara, der rumänische Dadaist, der mit von der Partie war: »Selbstverständlich scheren wir uns einen Dreck darum, was sie tun oder wer mit wem ins Bett geht, aber warum muss diese Gala Éluard daraus ein Drama à la Dostojewski machen! Das ist lästig, unerträglich, unerhört!« Auch Philippe Soupault fand, dass Gala ihre Gefühle für Max Ernst nicht an die große Glocke hängen müsste. Éluard wuchs die Situation über den Kopf, denn die Geister, die er gerufen hatte, wurde er nicht mehr los. Als Eifersucht ihn zu stark plagte, ergriff er die Flucht. Im Stile des von den Surrealisten verehrten Vorbilds Arthur Rimbaud, der nach Abessinien verschwunden war und dem Schreiben abgeschworen hatte, schiffte sich Éluard im April 1924 in Marseille ein, um für sieben Monate in Indochina unterzutauchen. »Lieber Vater, mir reicht es. Ich verreise. Ich überlasse Dir alle Geschäfte, die Du für mich in die Wege geleitet hattest. … Schicke mir weder die öffentliche noch die private Polizei hinterher. Der erste, der mir in die Quere kommt, den mach' ich unschädlich. Das wäre doch schade für den guten Ruf deines Namens.« Ohne Vorwarnung ließ er Frau und Tochter allein zurück. Simone Breton berichtete ihrer Cousine Denise: »Seit Montag ist Éluard verschwunden, mit 17.000 Francs; er hat einen Rohrpostbrief hinterlassen, in dem er seinem Vater droht, jeden umzubringen, den er auf die Suche nach ihm schicke. Der Aufbruchswille hatte schon lange vorher Besitz von ihm ergriffen, in letzter Zeit verbrachte er die Nächte mit Noll und Aragon in Champagnerbars, er verprasste sein Geld, war betrunken, hatte Angst davor, sich alleine schlafen zu legen. Nun ist er fort. André meint, dass wir ihn nie wiedersehen werden. Gala, die Kleine, befindet sich in einer unmöglichen Situation, mit 400 Francs und auch wegen Max Ernst. Ihre Schwiegereltern werden sie nur unterstützen, wenn er geht. Dabei ist er alles, was ihr bleibt. André hat sie heute gesehen, sie war ganz ruhig. Sie will arbeiten gehen.« Dazu kam es zwar nicht, aber Gala zeigte sich in der misslichen Lage recht beherzt. Sie verkaufte einige Bilder aus Éluards Sammlung, was ihre Existenz sicherte. Nicht willens, die Rolle der sitzen gelassenen Ehefrau zu übernehmen, schickte sie den Liebhaber auch nicht fort, sondern unternahm mit ihm eine Reise in seine Heimat. Sie kannte die Allüren des ihr angetrauten Genies inzwischen bestens, durchschaute seine Verzweiflungstat als dramatische Geste, und so hatte Éluards theatralischer Aufbruch genau das bewirkt, was seine Eifersucht noch verschärfte. Er flehte Gala an, sie möge zu ihm kommen, drohte mit Selbstmord, die Grindels befürchteten das Schlimmste für ihren Sohn und beschlossen, Gala solle ihn heimholen. Sie finanzierten der Schwiegertochter mitsamt ihrem Geliebten die Reise nach Saigon, hoffend, dass es im fernen Osten zur eherettenden Aussprache unter sechs Augen kommen möge. Tatsächlich kamen die Dinge wieder ins Lot; Max Ernst reiste allein weiter durch Asien, zu zweit traten die Éluards den Rückweg nach Frankreich an. Dies war das Ende der Dreierbeziehung. Die Freundschaft zwischen den beiden Männern fand im Laufe eines Abends bei den Bretons mit einer Prügelei ihr rabiates Ende. Ernsts neue Freundin und zukünftige Frau »Marie-Berthe hatte mir aus heiterem Himmel und ohne jeden Grund böse Vorhaltungen gemacht«, schrieb Éluard an Gala. »Erst habe ich die Dame angefaucht, und da ich der Meinung war, dass der Herr mich übel hintergangen hat, habe ich ihn schließlich einen Lügner geschimpft und ihm die Freundschaft aufgekündigt. ... Deshalb hat mich Monsieur, das Schwein, geboxt. ... Max werde ich niemals wiedersehen. NIEMALS.« Doch die Versöhnung auf der Ebene der Kunst, dieser getreuen gemeinsamen Geliebten, sollte schon bald wieder in weiteren Koproduktionen der beiden Männer Gestalt annehmen, wenngleich die Freundschaft nur noch ein Schatten dessen war, was sie vorher bedeutet hatte.

Für die Zeitgenossen war Éluard das bemitleidenswerte Opfer seiner egoistischen Frau. Denise Tual, Frau des Filmemachers und einstigen Dada-Anhängers Roland Tual, sah in ihr eine Schwester der biblischen Eva, den Prototyp der sündigen Versucherin: »Ich glaube nicht, dass Ernst lange brauchte, um Gala zu durchschauen. Er malte sie von einer ekligen Schlange umwunden. Das hat er ganz richtig gesehen.« Selbst Simone Bretons mitfühlendes Verständnis für Gala in der Zwangslage, in die sie Éluards Flucht gebracht hatte, verwandelte sich in Abneigung, nachdem der Vermisste wieder in Paris und in der Rue Fontaine aufgetaucht war. »Gala wusste seit Monaten, wie es um ihn stand. … Ich werde es ihr nie verzeihen, nicht ihre Lügen, aber ihr verlogenes Verhalten, als er abfuhr. Ich habe eine grenzenlose Abneigung gegen sie. Ich kann es nicht verzeihen, wenn mir meine Gefühle genommen werden. André erst recht nicht. Und wenn ich daran zurückdenke, wie sie mit Überzeugungen *gespielt* hat, die für mich heilig sind, möchte ich sie anspucken.« Zwar hatte Simone Breton 1924 ja schon seit einiger Zeit eine Affäre, die sie ihrem Mann mit schlechtem Gewissen verheimlichte, aber Galas offen zur Schau getragene Erotik fand sie peinlich. Auch Claire Goll nahm Éluard vor Gala, der »düstere[n], schweigsame[n] Schönheit, die viele Männer fesselte«, in Schutz. »Sie bildete ein seltsames Paar mit dem Dichter Paul Éluard, der bleich, durchgeistigt und fast durchsichtig wirkte. Ihrer beflügelnden Rolle getreu, fühlte sie sich nur als Mittelpunkt einer Gruppe wohl. Paul Éluard war ein überempfindliches Instrument wie eine Stradivari, die tausend Vorsichtsmaßnahmen erfordert. Gala wagte nicht, einen so zarten Poeten in ihren stählernen Griff zu nehmen. Statt des Tambours oder der großen Pauke, die sie gebraucht hätte, hielt sie nur eine biegsame Liane in der Hand. Gala war fürs Köpfezusammenstecken und geheime Zusammenkünfte geboren; sie suchte stets Intrigen zwischen ihren surrealistischen Freunden zu knüpfen, wieder zu entwirren und, vor allem, die Karriere ihres Mannes zu lenken. Aber Éluard war zu stolz, um andere Register als die

»Ein Kuss besiegelte meine neue Zukunft! Gala wurde das
Salz meines Lebens, das Härtebad meiner Persönlichkeit,
mein Leuchtfeuer, meine Doppelgängerin – ICH.«
Salvador und Gala Dalí, 1930er-Jahre

der Poesie zu ziehen. Geld und leichte Erfolge lockten den Sohn eines Lotterieeinnehmers nicht.«

Immerfort hatte Gala auf ihren Paul warten müssen: in Russland, im Haus der Schwiegereltern, in der Banlieue von Paris. Langsam hatte sie genug davon. Es war nur noch eine Frage der Zeit, bis die Liebenden von Clavadel sich trennen würden.

Helena oder das Ewigweibliche

Éluard und Dalí, deren Signaturen sich jeweils wie ein Paar gekreuzter Schwerter ähnlich ausnahmen, hatten sich im Frühjahr 1929 bei Kunstkäufen in Paris kennengelernt. Wie seinerzeit die Bilder von Max Ernst, hatten es dem emsigen Sammler Éluard nun die Gemälde Dalís angetan. Mit dem Plan einer künstlerischen Zusammenarbeit beider Männer, besuchten die Éluards den Spanier noch im gleichen Jahr in seinem Haus im katalanischen Cadaqués. Dalí in seinen Memoiren: »Dieses Paar verkörperte für mich, den kleinen Provinzler, den Geist von Paris. Ihre Selbstsicherheit, ihre blasierten Mienen und ihr Luxus schockierten mich wie eine Herausforderung, und zugleich faszinierten sie mich, und Gala versetzte mich geradezu in Trance mit ihren Koffern nach der neuesten Mode, die sich, auseinandergenommen, in Schränke verwandelten und von Kleidern und feiner Wäsche überquollen.« Für Dalí war die Begegnung mit Gala eine Initiation, bei der ihm all seine Ängste ausgetrieben wurden. Er erblickte diese Frau, die am Strand saß, ihm ihren Rücken zugewandt, der ihn faszinierte »wie einst der

Rücken meiner Amme.« Dalí nahm jenes Angebot Galas an, mit dem Éluard so sträflich nachlässig umgegangen war: als Paar die Liebe wie eine heilige Kommunion zu leben. Was Dalí durch die Liebe über sich erfuhr, machte er für seine Kunst und sein Leben urbar. »Ein Kuss besiegelte meine neue Zukunft! Gala wurde das Salz meines Lebens, das Härtebad meiner Persönlichkeit, mein Leuchtfeuer, meine Doppelgängerin – ICH. Fortan waren Dalí und Gala verbunden in alle Ewigkeit.«

Lange noch wiegte sich Éluard in dem Glauben, die Lust des Augenblicks möge verfliegen wie in allen vorausgegangenen Affären, doch diesmal irrte er sich. Éluard drängte zum Aufbruch, Gala machte keine Anstalten, die Koffer zu packen; Éluard fuhr ab, Gala blieb. Die so oft verkaufte Braut hatte sich nun aus eigenen Stücken ihrem Mann entzogen. Mit Ende des Jahres 1930 war klar, dass Gala bei Dalí bleiben würde, eine Tatsache, der Éluard nie ganz ins Auge blicken konnte. Als sei es möglich, die Uhr zurückzudrehen und das Versäumte nachzuholen, richtete er für die weitere Zukunft mit Gala eine Wohnung am Montmartre ein, doch dabei handelte es sich um seinen einsamen Akt der Beschwörung. »Ich habe in der Rue Becquerel übernachtet,« schrieb er im Februar 1931. »Dort bin ich Deinem Geist begegnet, dem Geist unseres Lebens, das so voller Tränen und Liebkosungen war, so ganz von Dir erfüllt.« Statt zum Ort wiederbelebten Familienglücks wurde die weiterhin von Éluard finanzierte Wohnung Anfang der 1930er-Jahre zur Anlaufstelle Galas und Dalís während ihrer Reisen nach Paris, die aber immer sporadischer wurden. Im Laufe des Jahres

1932 ging die Scheidung der einstigen Liebenden von Clavadel über die Bühne; Gala und Dalí heirateten im Oktober 1934 im spanischen Konsulat von Paris.

Im Laufe ihrer Ehe gab es Streitereien und Skandale, doch bei Dalí fand Gala die erträumte Exklusivität der Liebe zwischen Mann und Frau. Wie Max Ernst weder Franzose noch Dichter, war der spanische Maler immun gegen Bretons schulmeisterliches Diktat. Als Dalí Breton 1928 in Paris kennengelernt hatte, hatte er in ihm allerdings »sogleich einen zweiten Vater gesehen. Damals glaubte ich, mir sei eine zweite Geburt beschieden. Die Gruppe der Surrealisten war für mich eine Art nährender Placenta, und ich glaubte an den Surrealismus wie an die Gesetzestafeln.« Nicht lange, und er durchschaute die »dogmatische Beschränktheit«, zu der Bretons Führungsstil früher oder später führen musste. Gegen die Franzosen nahm sich der Spanier geradezu anarchistisch aus, der genauso wie Gala ein Außenseiter in der Runde der Bürgerschrecks war, die ihrer eigenen Bürgerlichkeit den Garaus machen wollten. Dalí trug exzentrisch nach außen, was die Surrealisten nur theoretisch formuliert hatten. Seine Provokationen erfüllten nicht die für alle Surrealisten verbindlichen Programmpunkte; er erklärte seine persönlichen Neurosen zum Ausgangspunkt seiner eigenen, einer ›paranoia-kritischen‹ Kunst, statt sie in romantisierende Bildwelten umzuwandeln. Nicht der surrealistische Verbund aus Männern gab ihm Rückhalt, sondern die Komplizenschaft mit einer »Schwesterseele«, die mehr als nur eine Geliebte für ihn sein konnte. Gemeinsam mit Dalí überführte Gala Éluards obsessive Visionen der surrealistischen Liebe in eine

Wirklichkeit. Während der Dichter für seine Arbeit stets in die Einsamkeit floh und Gala in seiner Nähe nicht brauchen konnte – auch wenn er ständig das Gegenteil beschwor –, verlangte der Maler ihre unmittelbare Anwesenheit. Als Modell im Atelier, an der Wirkungsstätte des Künstlers, konnte sie über den Ausdruck des ästhetischen Objekts Gala mitbestimmen. Als Muse des Dichters hatte sie keinen Einfluss mehr auf das gehabt, was er aus ihr machte, als Modell des Malers wohnte sie der Schöpfung bei. Ihr neu gewonnenes Mitspracherecht äußerte sich schon bald auch in der Organisation des Künstlerpaares: »Jeden Morgen und jeden Abend ließ sie mich in meinem Atelier, vor meiner Leinwand zurück und ging mit einem Karton unter dem Arm fort, um einige der leuchtenden Früchte meiner Erfindungsgabe anzubieten«, erzählte Dalí. Machte sich Gala zunächst scheinbar nur auf einen Spaziergang, auf dem sie wie beiläufig Bilder in bare Münze umzuwandeln verstand, so entwickelte sie sich mit den Jahren zu einer auf Gewinn orientierten Managerin ihres Mannes, die das Geschäftliche für ihn in die Hand nahm – eine Karrierechance, die sie in der Ehe mit Éluard, in dessen ökonomischer Abhängigkeit sie stets stand, nie bekommen hatte. Das von Breton für Gala erfundene, anagrammatisch aus dem Namen Salvador Dalí hervorgehende ›AVIDA DOLLARS‹ ist wenig schmeichelhaft, aber treffend. Claire Goll räsonierte: »Sonia Delaunay, Elsa Triolet und Gala Dali haben im Schatten ihrer Männer gelebt und sich rückhaltlos für deren Erfolg eingesetzt. Für diese Russinnen endet das Weltall an der Schwelle des Hauses. Draußen ist der feindliche, wüste Dschungel. Sie betrachten das

Leben als schlechte Komödie, die gar keine Beachtung verdient. Zwischen all den Gnomen und Bösewichten gibt es nur eine Gerechtigkeit: diejenige, die ihrem Mann nützt. Er soll der größte Maler, der größte Kommunist, der größte Exzentriker sein. Wenn das Leben schon nichts als ein Marionettentheater ist, muss der Ehemann darin eine Rolle spielen, die einzige, die ihm zukommt, die Hauptrolle. Sie selbst hocken in einer dunklen Ecke und ziehen die Fäden. Völlig im Dienst ihres Gatten, konzentrieren sie alles Können und alle Energie auf sein Vorankommen. Eigene Erfolge interessieren sie nicht. Wäre es ihnen möglich, so würden sie das Haus nie verlassen. Und wenn sie es tun, opfern sie sich für ihren Helden auf. Ob verdrehte Mütter, ob rasende Ehefrauen, sie sind vom Machttrieb besessen, aber die einzige Macht, die in ihren Augen irgendwelchen Wert hat, ist diejenige, die sie auf den Mann, der in ihrem Besitz ist, ausüben.« Die Kunstsammlerin Peggy Guggenheim berichtete von den Vorwürfen, die Gala ihr machte: »Sie hielt es für töricht, meine ganze Existenz an die Kunst zu hängen. Ich täte besser daran, *einen* Künstler zu heiraten und mich ausschließlich um sein Fortkommen zu kümmern, so, wie auch sie ihr Leben eingerichtet habe.« Gala war Ehefrau, Modell und Sachverwalterin in einer Person, sodass sie traditionelle Kompetenzbereiche vollkommen auflöste. Sie konnte die Kunstwerke ihres Mannes entmystifizieren, ihre eigene Aura als Muse und Gegenstand dieser Werke zerstören, indem sie diese als käufliche Ware behandelte. Gala hielt sich nicht im Hintergrund, sondern trug als offene Tatsache zur Schau, was stets offenes Geheimnis bleiben soll und immer wieder das Klischee weiblicher Lebensläufe wiederholt: Hinter dem Künstler steht eine unbekannte Frau, ohne deren stilles Wirken die Entstehung seines Werkes infrage gestanden hätte, ohne die er nicht zu dem geworden wäre, der er ist. Gala produzierte sich als Macherin des Mannes – und der gab dies selbst zu: »Gala wurde zu einem fundamentalen Katalysator meines Lebens. Mein visuelles und affektives Gedächtnis wird durch sie transzendiert. Ihr habe ich es zu danken – ihrer von meinem Ich empfundenen und akzeptierten Liebe –, dass ich dieses Bündel von Projektionen hervorzubringen vermag und imstande bin, daraus die stärksten und besten auszuwählen … Gala ist mir unentbehrlich, weil ich dank ihr mein Elixier herstellen kann, meinen Genuss und die Substanz der Kraft, die es mir erlaubt, mich selbst zu überwinden und die Welt zu beherrschen.« Gala tastete noch ein weiteres Tabu an: Indem sie Einfluss auf »Dalís Verwandlung vom schüchternen jungen Mann zum zynischen Clown« nahm, rüttelte sie am Bild des statischen, in seiner Identität beständigen Mannes: »Um diese Verwandlung zu begreifen, musste man Gala kennen. Wie Sonia Delaunay war sie eine Fanatikerin und von ungeheurem Machtwillen getrieben. Nachdem sie Dalí unter ihr Joch gezwungen hatte, formte, unterstützte und protegierte sie ihn«, urteilte wieder Claire Goll. »Wenn es Salvador Dalí nicht gegeben hätte, so hätte Gala ihn erfunden. Er war genau der Mann, den sie suchte: großspurig, aber ohne Stolz, bereit, um jeden Preis die Aufmerksamkeit zu erregen und Erfolg zu haben, und sei er der platteste und vulgärste. Für einen Künstler seines Ranges bedarf es schon ziemlichen Mangels an Selbstgefühl und Würde,

*»Wenn es Salvador Dalí nicht gegeben hätte,
so hätte Gala ihn erfunden.« (Claire Goll)
Gala und Salvador Dalí in Port Lligat in den 1950er-Jahren*

um das Publikum mit der Länge seiner Schnurrbart-spitzen oder mit einem Nashorn-Stockknauf zu ver-blüffen. Doch Gala verließ ihren Éluard, um Dalí in ihre Netze zu verstricken.«

Éluard, im Februar 1930, flehte: »Gala, wenn mir der Gedanke kommen sollte, dass zwischen uns alles vo-rüber ist, dann bin ich wirklich wie ein zum Tode Ver-urteilter, und zu welch einem Tode.« Doch anstatt zu sterben, erfand er Gala immer wieder neu für sich, in Gedichten. Gala lebte mit Dalí in Spanien; in Paris, im Hause Éluards blieb ein Geschöpf aus Erinnerung und Fiktion. Der Dichter und seine poetische Gala hiel-ten einander ewige Treue: Wie Orpheus brauchte er Eurydike für sein Lied. Obwohl er bald eine neue Le-bensgefährtin an seiner Seite hatte, ließ er bis zu seinem Tod im Jahre 1952 nicht davon ab, Gala Liebesbriefe zu schicken, in denen er sie und die Erinnerung an das ge-meinsame Leben zelebrierte. Was Gala dem Zurück-gebliebenen entgegnete, ob sie auf sein Spiel einging, ihn zum Narren hielt, ob seine hartnäckigen brieflichen Gefühlsäußerungen sie gar quälten, bleibt im Dunkeln, denn ihre Antwortbriefe aus den Jahren zwischen 1924 und 1948 sind nicht erhalten. Éluard hatte sie nach dem Krieg eigenhändig vernichtet. Seine Klagen ver-rieten, dass Gala »keine allzu eifrige Briefschreiberin« und ihre Antworten meistens kurz und knapp waren. Wie er in der Jugend in Gedanken an eine gemeinsa-me Zukunft mit Gala aufgegangen war, so schöpfte er nun Leben aus der Vergangenheit; Gala indessen woll-te von den sentimentalen Erinnerungen an die gemein-samen Jahre nichts mehr hören, ebenso hatte sie schon zuvor die frühen Jahre in Russland ganz ausgelöscht.

Éluard 1929: »Ich kann nicht, ich mag mich nicht mit dem abfinden, was Du kürzlich in Arosa zu mir gesagt hast: dass Du keine Erinnerungen hast, dass Du keine haben möchtest. Mein ganzes Leben liegt in meiner Liebe zu Dir, mein ganzes Leben liegt in *unserem* Leben. Oder ich bringe mich um. Für uns gibt es keinen Anfang. Für uns ist alles gegenwärtig, *muss* alles gegenwärtig sein, und im Augenblick befinde ich mich ebenso bei Dir in Clavadel, in Versailles, in Bray, in Eaubonne oder in Arosa, wie ich hier bin, mit *Dir, der Abwesenden*, mit meiner großen Sehnsucht nach Dir: Wenn ich mir eine Vergangenheit, eine Gegenwart und eine Zukunft schaffen muss, dann kann ich mich gleich töten.« Für Éluard drehte sich alles um die allererste Frau, eine alterslose Gala vom Zauberberg: »Du bist noch immer das verwirrte Kind von Clavadel. ... Seit siebzehn Jahren liebe ich Dich, und ich bin noch immer 17 Jahre alt.« Sein »kleiner Gott« war »das nervöse, reine und pathetische Mädchen, das Du stets für mich gewesen bist.« Éluard lebte mit Gala als ferner Muse seiner Dichtung: »Denn ich glaube nicht, dass ich jemals mit einem anderen Menschen leben könnte, weder mit Nusch noch mit einem anderen. Gala, ich liebe Dich schon viel zu lange, ich habe zu lange schon mit Dir zusammengelebt, zu lange habe ich – ganz gleich, wie Du darüber denken magst – ganz nach Deinen Wünschen, Deinen Träumen, *Deinem Wesen* gehandelt.«

Im Mai 1930 hatte Éluard während eines gemeinsamen Streifzugs durch Paris mit dem Freund René Char eine junge, schöne Frau aufgegabelt. Sie hieß Maria Benz und nannte sich Nusch. Sie und Paul Éluard heirateten im August 1934 kurz vor Galas

Hochzeit mit Salvador Dalí. Fortan gab es zwei Frauen in Éluards Leben, denn in der Literatur blieben Gala und Paul ein Paar. Wie ambivalent die Gefühle des Dichters seinen beiden Frauen gegenüber waren, demonstrieren seine Briefe. 1930 schrieb er an Nusch: »Meine liebe Kleine, ... ich werde spätestens am Dienstag den 8. zurücksein und dich wieder in meinen Armen halten, zart und rein. Ich hoffe, es geht gut, dass du artig auf mich wartest, dass du meiner Liebe sicher bist, mein liebes Kindchen, meine schöne Nusch.« Tags darauf schrieb er an Gala: »Ich denke nur an dich, ich bete dein Geschlecht an, deine Augen, deine Brüste, deine Hände, deine Füße, deinen Mund und deine Gedanken, all meine Gala.«

Zwischen Nusch und Éluard bestand eine Art gegenseitiger Abhängigkeit. Als sie aufeinandertrafen, suchten beide nach einem Rückhalt: Nusch, am 21. Juni 1906 als Kind einer Artistenfamilie in Mulhouse geboren, hatte eine Zeit lang in Berlin für Nostalgiepostkarten posiert und war dann in Paris Darstellerin im Grand Guignol, dem Sensationstheater der Vorstädte, gewesen. An Armut und ein unstetes Leben gewöhnt, fand sie in Éluard, der durch den Tod seines Vaters im Jahre 1927 zu einem kleinen Vermögen gekommen war, einen Versorger und einen Partner, der sie auf Händen trug. Éluard wiederum schien in Nusch eine hingebungsvolle, sanfte Begleiterin gefunden zu haben, die – wie die frühe Gala – tat, was er von ihr verlangte. Nusch wurde auch zu einem beliebten Modell Man Rays, beteiligte sich an surrealistischen Aktivitäten, an Collagen, Umfragen und *cadavres exquis*. Gala, die schließlich nur noch zusammen mit ihrem neuen Partner zu Besuch kam, stellte keine wirkliche Konkurrenz für Nusch dar. Die Vorgängerin war in die höheren Sphären eines Mediums aufgestiegen und zum Namen einer Obsession geworden, die in Éluards Dichtung ihren Platz hatte.

*»In dem Alter, in dem andere mit Puppen zu Bett
gehen, schleppte ich zwei dicke Bände mit mir:
Lermontow und Puschkin.«
Elsa Triolet, um 1940*

Elsa Triolet
Moskau und Majakowski

»Schriebe man eine Biografie über mich«, so Elsa Triolet in ihrem ersten Roman *Bonsoir Thérèse*, »erschiene mein Leben genauso leer und hohl wie ein anderes. Doch zwischen all den Eckdaten einer Biografie – geboren am …, Studium in …, Heirat am … –, legt man viele Schritte auf den Straßen zurück, hat man viele Menschen vorübergehen sehen, und die Gedanken an verpasste Gelegenheiten füllen die Leerstellen im Leben, es sind Ereignisse, von denen keiner spricht.« Elsa Jurewna Kagan kam am 12. September 1896 in Moskau zur Welt, knapp fünf Jahre nach der Schwester Lilja, die eine wichtige Rolle in ihrem Leben spielte. Die Mädchen waren Kinder der Moskauer Intelligenzija: Von der Mutter, Helena Jurewna, heißt es, sie habe die beiden Töchter zum Musischen hingeführt. »In unserem Hause wurde viel musiziert. Die Wände, Fensterscheiben, Möbel waren von Tönen durchtränkt, gesättigt, angefüllt. Meine Mutter war eine ausgezeichnete Pianistin, lud Quartette ein oder Trios, oder es wurde auf zwei Klavieren vierhändig gespielt, in solchen Fällen griff mein Vater zum Hut … Die beiden Flügel nahmen sich inmitten des kleinbürgerlichen Wohnprunks wie zwei edle Rassetiere aus. Von den Wänden, wo bei anderen Familienbilder hängen, grüßten uns Tschaikowski und Wagner in Lebensgröße, Bronzereliefs von Mendelssohn und Meyerbeer ... Meine Mutter wallfahrte nach Bayreuth wie die Gläubigen nach Mekka.« Sie stammte aus Riga, und so sprach man in der Familie neben russisch auch deutsch, ferner französisch, wie damals in gehobenen bürgerlichen Kreisen üblich. Der Vater, Juri Alexandrowitsch, war ein renommierter Rechtsanwalt. Er hatte lange genug im Ghetto gelebt, wollte seine jüdische Identität abstreifen und sich als Russe anerkannt fühlen. Religion spielte bei der Erziehung der Töchter keine Rolle. Beruflich hatte sich Juri Kagan auf Verträge von Künstlern spezialisiert, die sich in seinem Haus die Klinke in die Hand gaben. Zur Weltläufigkeit des Elternhauses gehörten zahlreiche Auslandsreisen, die den Töchtern geboten wurden – Elsa kannte Berlin und Paris schon lange, bevor sie in der einen Stadt Aufenthalt nehmen, in der anderen Fuß fassen sollte.

»Ich liebte Gedichte. In dem Alter, in dem andere mit Puppen zu Bett gehen, schleppte ich zwei dicke Bände mit mir: Lermontow und Puschkin. Diese beiden Bände steckten voller Möglichkeiten: Man konnte in ihnen lesen und Bilder ausmalen. Und wie Kinder besonders die Geschichten lieben, die sie schon kennen, wurde auch ich es nie müde, die Seiten dieser beiden Bände wieder und wieder zu lesen.« Seit dem dreizehnten Lebensjahr führte Elsa Tagebuch, das in ihren ersten Roman *Fraise-des-Bois* (*Walderdbeere*), der Kosename des erzählenden Mädchens, einging. Im aufgeklärten, kosmopolitischen Klima des Hauses Kagan wusste man, dass das System des zaristischen Russland sich bereits überlebt hatte, und zeigte sich aufgeschlossen gegenüber revolutionären Ideen. In *Fraise-des-Bois* beschreibt Elsa Triolet eine Episode aus dem revolutionären Jahr 1905, die zeigt, welche Rolle Bücher im Leben der Kagan-Mädchen spielten, nämlich eine durchaus politische: »Neugierig schlüpft Fraise-des-Bois unter der Bettdecke hervor. Aus einem Zimmer nähern sich langsam die Schritte des Vaters, gefolgt vom unregelmäßigen Getrappel Liskas, die im Laufschritt ins Kinderzimmer stürzt. – ›Razzia‹, flüstert sie Fraise-des-Bois zu.« Falscher Alarm; die Polizei war an der Tür vorbeigezogen. Aber die Schwester begann plötzlich zu weinen: »Ich habe alle Bücher weggeworfen ...‹«

Elsas Schwester Lilja wurde von einer älteren Mitschülerin, Vera Brik, in einen politischen Zirkel eingeführt, zu dessen Aktivitäten Lektüre und Diskussion marxistischer Texte gehörte und der geleitet wurde von Ossip Brik, ihrem späteren Ehemann. Elsa war noch zu klein, um die Schwester begleiten zu dürfen, was deren Unternehmungen erst recht magnetische Anziehungskraft verlieh. »Papa rief aus: ›Du gehst nicht hin! Von Zusammenkünften keine Rede! Mit dreizehn Jahren macht man keine Revolution!‹« Doch nicht lange, und auch Elsa fand sich in den Kreisen der Avantgarde, der Futuristen ein. 1912 lernte Elsa Wladimir Majakowski kennen. »Ich war ihm bei Freunden begegnet. Er kam mir riesig, unverständlich und frech vor. Ich war fünfzehn Jahre alt und hatte ziemliche Angst vor ihm. Einige Zeit darauf erschien er bei mir. Wenn ich mich recht erinnere, hatte er gerade sein längeres Gedicht *Der Aufstand der Dinge* verkauft, das ich nirgends mehr auftreiben kann; vielleicht hat er den Titel geändert. ... Ich war noch keine sechzehn Jahre alt, aber ich zeigte

*»Diesen Sommer bin ich sehr gereift. Ich habe mein
sechzehntes Lebensjahr vollendet, von dem man sagt,
dass es das Beste sei.«*
Elsa (rechts) mit ihrer älteren Schwester Lilja

meinen Eltern so viel gelassene Unbekümmertheit darüber, ob nun mein Freund Majakowski eine außergewöhnliche Erscheinung sei oder nicht, dass sie mich schließlich in Ruhe ließen und Majakowski mehr oder weniger in der Familie aufgenommen wurde: Er durfte zum Essen bleiben und man erlaubte ihm, bei mir zu zeichnen, womit er damals seinen Lebensunterhalt verdiente. Er kam fast täglich, war zu meiner Mutter von einer entwaffnenden, äußerst aristokratischen Höflichkeit, äußerte in Gegenwart meines Vaters nur das strikt Notwendige und erreichte beinahe, dass man über seine gelbe Bluse hinwegsah. ... Majakowski machte mir den Hof, sprach sehr wenig und brummelte ständig etwas vor sich hin, wobei er plötzlich, vielleicht um einen Vers probeweise zu deklamieren, die Stimme erhob ... Ich brachte für diese nach innen gerichtete Arbeit neben mir nur wenig Interesse auf, kaum dass ich mir darüber klar wurde, dass Majakowski ein Dichter war. Häufig verlangte er von mir, ich solle Klavier spielen, und marschierte dann hinter meinem Rücken gestikulierend endlos auf und ab ... In diesem Stadium tauchte eines Tages meine Schwester Lili [sic] auf. Sie war verheiratet und wohnte damals in Petrograd. Eines Tages fragte sie mich, wer eigentlich dieser Majakowski sei, der so oft käme, und ob mir viel daran läge, denn meiner Mutter mache das Kummer.« Majakowski hatte soeben sein erstes Poem *Eine Ohrfeige dem öffentlichen Geschmack* veröffentlicht. In Abkehr von der ehrwürdigen Dichtkunst, wollte er die Sprache für die Revolution nutzbar machen. Der Georgier wurde zum gefeierten Dichter der Revolution. Er leitete die *Linke Front der Kunst* und gab seine Stimme der Partei, bis er

›seinem eigenen Lied auf die Kehle treten‹ musste, um in Einklang mit der offiziellen Politik zu bleiben.

Zwischen Majakowski, Jahrgang 1893, und den beiden Brik-Schwestern knisterte es. Elsa hatte eine kurze Affäre mit Majakowski. Sie, immer im Schatten der älteren Schwester, musste auch diesmal zusehen, wie der Mann, der eigentlich ihre Eroberung gewesen war, Liljas Charme erlag. Sie und Majakowski wurden ein Liebespaar, mit Ossip Briks Einverständnis. Elsa gab ihre Eifersucht nie zu, und in ihrer Majakowski-Biografie verwandelte sie die frühe Verliebtheit zu ihrer »ganzen verstiegenen Hingebung einer noch nicht Siebzehnjährigen« für die Dichtung ihres »Leitsterns«, sprach von »grenzenloser Freundschaft« mit dem Mann, dessen Liebe sie dauerhaft nicht gewinnen konnte. »Ich hatte mit Majakowski eine dieser Freundschaften, die Berge versetzen können. Sie war nur schwer zu leben, belastend, manchmal *zum Himmel hoch jauchzend*, manchmal *zum Tode betrübt*, er erschöpfte mich, aber für seine Gedichte hatte ich mich seit jenen Zeiten geschlagen, da er als skandalumwitterter Futurist seine gelbe Bluse trug, seitdem rufe ich es von den Dächern, dass seine Gedichte die Dichtung schlechthin sind. Und ich bin nicht wenig stolz, als eine der Ersten Majakowskis Genie erkannt zu haben.« Tatsächlich hatte ihn Elsa Triolet als eine Vermittlerin russischer Kultur in Frankreich durch Übersetzungen und eine Biografie bekannt gemacht.

Andere Kindheits- und Jugendfreunde waren die Schriftsteller Isaak Babel, Konstantin Balmont, Ilja Ehrenburg, Boris Pasternak, Wladimir Pozner und Viktor Schklowski, der Sprachwissenschaftler Roman

Jakobson, die Maler Iwan Puni und Sergej Tretjakow, der Fotograf Alexander Rodtschenko. Sie kamen alle aus ein und demselben Milieu, eine großstädtische Elite in einem Land mit zwei Dritteln Analphabeten. Elsa konnte sich über mangelnde Gesellschaft nicht beklagen, doch sie klagte: »Diesen Sommer bin ich sehr gereift. Ich habe mein sechzehntes Lebensjahr vollendet, von dem man sagt, dass es das Beste sei. Wenn ich mich umschaue, sehe ich überall nur Paare, bloß ich mache eine Ausnahme. Keiner will mich haben, und selbst in großer Gesellschaft bin ich immer allein. Diesen Sommer machte mir Ch. den Hof. Er sieht gut aus, ist nicht dumm, hat die Allure eines Mannes, der Schnürschuhe trägt.« Dass keiner sie wollte, stimmte nicht: »Elsa Triolet ... war sehr jung und attraktiv, hatte die Rosafarbe einiger Bilder von Renoir und war sehr traurig«, schrieb Ehrenburg. Ihr Schulfreund Roman Jakobson reimte ihr einen Vierzeiler:

Ganz unter uns: Ich liebe Dich.
Ich möchte Dir mein Herz ganz schenken.
Solltest Du nach Tahiti fahren,
Mein Unglück wär nicht auszudenken.

Aufbrüche

1917 lernte Elsa den französischen Offizier André Triolet kennen. Obwohl seine Familiengeschichte ihr erschien wie ein »Roman über den Untergang der alten französischen Bourgeoisie«, deren konservative Ansichten sich mit ihren avantgardistischen

Ideen prinzipiell nicht vertrugen, heirateten sie 1919 in Paris, eine Möglichkeit zur Flucht aus der jungen Sowjetunion. »Majakowski brachte zwei Stunden mit der Suche nach ein paar Karotten zu. Genau dieser Suche nach Karotten, die so viel kosteten wie ein Parfum, wollte Elsa entgehen.« »... kann es passieren, dass man in Moskau kein französisches Lippenrot mehr bekommen wird?«, fragt eine Romanfigur des Avantgarde-Autors Anatoli Marienhof. »Wie soll man dann leben?« Auch Elsa wollte Luxus nicht missen. Die Ehe-Episode spielte in Tahitis Hauptstadt Papeete, wo André Triolet nach Ende des Militärdienstes seine Zelte aufschlug. Mochte die Insel, fern vom Bürgerkrieg in der Sowjetunion und einem Europa, das eben noch Kriegsschauplatz war, zunächst wie das Paradies erscheinen, so wurde Elsa das Leben dort dennoch schnell zur Hölle. Fern der Heimat und ihrer Freunde, deren Schicksal sie nun nicht teilen konnte, jenseits der intellektuellen Atmosphäre, fehlte ihr bald die Luft zum Atmen – André Triolets Hauptinteresse waren Rennpferde. 1921 fand sich Elsa in Europa wieder, ernüchtert durch die Ehe mit einem Mann, »der keine Verse schrieb.«

Elsa mochte vollends aufgegangen sein, worum sie die Schwester so heiß beneidete. Die hatte in Ossip Brik und in Majakowski Gefährten gefunden, die in ihr nicht nur die Geliebte, sondern auch eine Partnerin sahen, mit der sie über ihre Arbeit sprachen. Lilja trat an der Seite Majakowskis in den Kurzfilmen *Der Rowdy und das Mädchen* und *Vom Film gefesselt* auf, drehte im Kreise des Regisseurs Lew Kuleschow einen eigenen Film, *Das Kamera-Auge*. Das Vorbild Lilja und die gescheiterte Ehe vor Augen, zog Elsa Triolet einen Schluss, der zum Leitfaden ihres künftigen Lebens wie auch einem Topos ihrer Romane wurde: Mann und Frau muss noch mehr verbinden als die Liebe. »Mir scheint, dass es gut wäre, einen Mann zu heiraten, mit dem irgendeine gemeinsame Arbeit möglich wäre. Das muss außerordentlich sein.« Der Wunsch, dem Tagebuch anvertraut, sollte ihr ein rundes Jahrzehnt später erfüllt werden. Aus der Ehe behielt sie nur den Namen – Triolet, eine Bezeichnung für das Kleeblatt, ein musikalischer Terminus und eine poetische Form.

Mit der Heirat hatte Elsa ihre beruflichen Ambitionen aufgegeben. Sie hatte nach dem Abitur an der Moskauer Bauhochschule das Architekturstudium aufgenommen und 1918 das Abschlussdiplom erhalten. Die Kontakte aus dem Studium waren ihr jetzt nützlich. Wahrscheinlich durch Vermittlung El Lissitzkys arbeitete Elsa 1922, nach der Rückkehr aus der Südsee, zunächst in einem Zeichenbüro in London, wo ihre inzwischen verwitwete Mutter für *ARKOS*, die sowjetische Wirtschaftsvereinigung, tätig war. Elsa schlug sich durch, mehr schlecht als recht, hoffte auf Unterstützung eines Onkels, der in London eine Textilfabrik besaß, aber er wollte mit der Nichte, deren Freunde das Revolutionsbanner schwangen, nichts zu tun haben. Sie warf das Handtuch in London, es zog sie zu den Gleichgesinnten, den Intellektuellen aus der russischen Heimat, die seit 1917 nach Berlin strömten: Andrej Bely, Maxim Gorki, Wladimir Nabokov, Viktor Schklowski, El Lissitzky, Ivan Puni, Roman Jakobson. Im Rahmen des deutsch-sowjetischen Abkommens von Brest-Litowsk bestand keine Visumspflicht für Russen, Deutschland erkannte den Nansen-Pass an, sodass im Berlin der 1920er-Jahre eine große russische Kolonie lebte. Zudem stand der Rubel in der Wirtschaftskrise gut, hier gab es keine Zensur, die schließlich zu einem intellektuellen Exodus aus der Sowjetunion führte. In Berlin etablierten sich gut achtzig Verlage, die in russischer Sprache publizierten. Vor allem Wieland Herzfeldes Malik-Verlag machte sich um Texte russischer Autoren in deutscher Übersetzung verdient. Im Oktober 1922, als die Erste Russische Kunstausstellung in der Galerie Van Diemen Unter den Linden viele Besucher anzog, kam Elsa Triolet in Berlin an, zusammen mit Lilja und Majakowski. Vom Kurfürstenhotel am Bahnhof Zoo aus mietete sie sich bei einer älteren Dame in einer möblierten Zweizimmerwohnung in Kreuzberg, Hagelberger Straße 37, ein. »Oft ging ich nachts von dir heim, unter den zwölf eisernen Brücken hindurch«, schrieb Schklowski, der verliebt in Elsa war. Die Berlin-Russen trafen sich an öffentlichen Versammlungsorten wie dem Haus der Künste und an privaten Knotenpunkten des russischen Lebens, namentlich Ivan Punis Atelier in der Kleiststraße oder Maxim Gorkis Wohnung in Bad Saarow, in einschlägigen Cafés rund um den Nollendorfplatz wie dem Léon oder der Prager Diele. Die *Gesellschaft der Freunde Russlands* organisierte Vorträge und Diskussionsrunden, bei denen Elsa zwar nicht als Rednerin in Erscheinung trat, aber zum Kreis der Anwesenden gehörte; der Schwager Ossip Brik zählte zu den Hauptakteuren der Gesellschaft. Elsa begleitete ihn nach Weimar, während er vor Studenten des Bauhauses, wo Kandinsky seit 1922 unterrichtete, über die neuesten Kunstentwicklungen in der Sowjetunion sprach. Mit Schklowski war Elsa zu Gast in den Kreisen Carl Einsteins, mit dem ihr eine kurzfristige Liaison nachgesagt wurde. Schklowski litt unter Elsas Zurückweisungen: »Mein Lieber, mein Guter. Schreib mir nicht über die Liebe. Bitte, tu das nicht. Ich bin sehr müde. Mir hat es, wie Du selber sagst, den Kopf am Widerrist abgeschlagen. Uns trennen die Lebensformen. Ich liebe Dich nicht und werde Dich nicht lieben.« Schklowski sehnte sich nach Russland zurück, Elsa dachte nicht an Heimkehr. Von der unerfüllten Sehnsucht zeugt Schklowskis Roman *Zoo oder Briefe nicht über die Liebe* von 1923, doch erwies sich dieser Roman indirekt als ein Sprungbrett für Elsa, die in Berlin verschiedensten Zerstreuungen nachging, ohne dass es ihr ein sichtliches Vergnügen bereitet hätte. »Ihre Arbeit bestand im Sehen, Hören, Sicherinnern.« Der Freund war überzeugt von ihrem Talent und wollte sie zum Bücherschreiben animieren, er flocht in sein Manuskript auch drei an ihn adressierte Briefe aus Elsas Feder, ohne sie zu fragen. Gorki, damals offizieller sowjetischer Volksschriftsteller, befand nach der Lektüre des Buches, dass diese Briefe die besten Passagen an dem ihm sonst zu formalistischen Text seien. So gilt Gorki als Elsas eigentlicher Entdecker, ein biografisches Detail, das ihr später in der Selbstdarstellung als Autorin des sozialistischen Realismus in Frankreich sehr entgegenkam.

Elsa fühlte sich auch in Berlin allein unter vielen. Und wieder hatte sie ein verliebtes Paar vor der Nase, den inzwischen gefeierten, überall herumgereichten Majakowski und Lilja, die mit ihm repräsentierte und für ihn dolmetschte. Inzwischen war Elsa

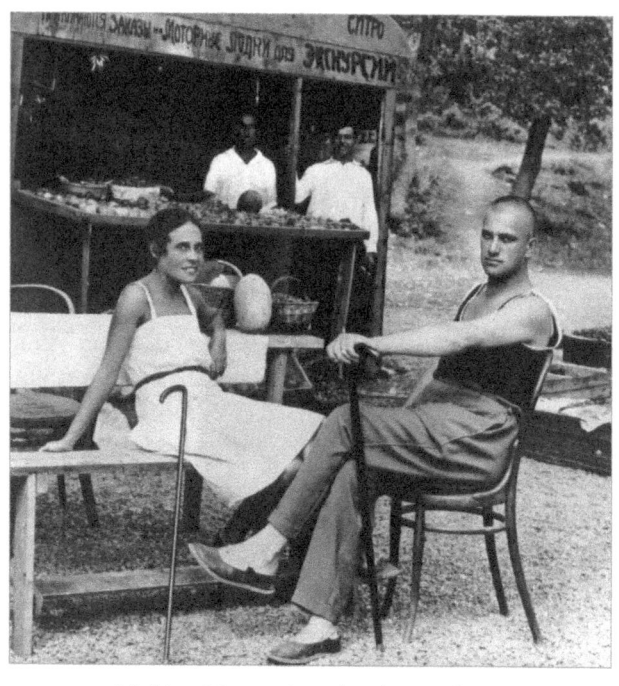

»... ich bin nicht wenig stolz, als eine der Ersten
Majakowskis Genie erkannt zu haben.«
Elsa Triolet über den Dichter Wladimir Majakowski – hier
mit Elsas Schwester Lilja Brik, 1926 in Jalta auf der Krim

siebenundzwanzig, geschieden, ohne Berufsvorstellung, blickte auf ihr Leben ohne einen Plan, keine Änderung in Sicht. Die Rastlose kehrte 1924 nach Moskau zurück, doch auch dies war kein Aufenthalt von Dauer. Das Land hatte sich verändert und sträubte sich gegen jede verklärende Erinnerung: »Die windschiefen, abgeblätterten Häuser wirken ernst, drücken sich aneinander, damit sie nicht umfallen. Der Stuck, den keiner braucht, ist abgefallen. Die angenagten, lockeren Schilder verdecken dürftig die rissigen Mauern. … Auf der Straße eine Menschenmenge. Bei Frosteinbruch wird Moskau wahrscheinlich auseinanderbrechen wie ein gefülltes Glas Wasser, das gefriert. … Die Leute erinnern an Zeitschriften mit den Lösungen der Rätsel vergangener Ausgaben.« Revolutionäres Aufbruchspathos war erstickt. Dass die Ideale der Avantgarde ohnehin kein langes Leben haben würden, hätte jeder bereits mit der Schließung des Café Pittoresk erkennen können, wo die Bohème die Heraufkunft der Revolution wie einen Karneval feierte. Während in Moskau nur schummrige Funzeln die düsteren Straßen säumten, lockte eine andere Stadt mit hellen Straßenzügen, gesäumt von illuminierten Schaufenstervitrinen voller Waren: Paris.

Mein Leben fängt mit Dir erst an

Zwischen 1925 und 1928 pendelte Elsa Triolet zwischen Paris und Moskau hin und her. Ihr Pariser Domizil war das Hotel Istria am Montparnasse. Unter Künstlern war das preiswerte Haus beliebt, hier begegnete man Man

Ray und seiner Geliebten Kiki, Francis Picabia, dem japanischen Maler Foujita, Marcel Duchamp, Jeanne und Fernand Léger. »Das Zimmer lag am Ende eines langen, finsteren Ganges. In einer Ecke ein *grand lit* und ein Nachttisch. Vor dem Kamin ein abgewetzter Sessel, vor dem Fenster ein Tischchen. Ein ausgefranster Teppich. Vom Zimmer aus kam man direkt zum Klosett. Das Marmorwaschbecken aus archaischen Zeiten, wie man sie nur noch in Zugtoiletten findet. Es war vollkommen verstopft: Das Wasser floss nicht ab. Ich stocherte lange mit einer Haarnadel darin herum; Gestank stieg auf. ... Vor dem Fenster der verlassene Boulevard Edgar Quinet, der sich zum Abend in einen breiten grauen Fluss, ein Meer verwandelt, auf dem die kleinen Lichter der Schiffe tanzen.« Die Melancholie verließ Elsa auch in Paris nicht. Wie ein Lichtbringer erschien ihr immer nur der Eine: »Manchmal erwachte ich aus meinem Dornröschenschlaf: wenn Majakowski nach Paris kam. Er wohnte im Istria und folgte mir auf Schritt und Tritt. Mit ihm kamen meine Jugend, mein Land und meine Sprache zu mir zurück.«

Ihren Romanheldinnen legte Elsa Triolet in den Mund, wie sie empfand: »Sie dachte darüber nach, dass sie tatsächlich einsam war. Dass sie weder Eltern noch Familie besaß, weder ein Haus noch Meinungen, weder Geld noch Beruf, nichts, was eine Verbindung zwischen ihr und den anderen hätte schaffen können, egal mit welcher Gruppe von Leuten. In welchem Milieu auch immer, sie blieb allein, eine Einzelgängerin, wusste sich weder anzupassen noch aufzulösen, und in jedem Land war sie eine Fremde. Man hatte sie an den Rand gestellt, so wie man Fehler am

Heftrand anstrich. Und tatsächlich ist sie sowas wie ein Fehler. Die Liebe hätte ihr zur Hilfe kommen können, aber sie hatte keine Liebe.« Ermutigt durch Gorki, mit dem sie weiterhin in brieflichem Kontakt stand, hatte Elsa ihre Aufzeichnungen aus den vergangenen Jahren zu vollständigen Texten verwoben. 1925 kam es zur Veröffentlichung von *A Tahiti*, einem sozialkritisch gefärbten Bericht über das Leben auf der Insel, 1926 erschien der autobiografische Roman *Fraise-des-Bois*, 1928 dann ihr zweiter, *Camouflage*. Alle Bücher wurden in Auflagen zwischen 3000 und 5000 Exemplaren von bürgerlichen Moskauer Verlagen publiziert, *Der Kreis*, *Atenei* und *Krug*, die im Gegensatz zu dem auf die Erfüllung des Parteiprogrammes bedachten Proletkult mehr Wert auf künstlerische Form und Unterhaltung für den Massengeschmack legten. Zwei weibliche Hauptfiguren in *Camouflage* spiegeln Elsas Gespaltenheit: hier Lucile, verwöhnte Pariser Ehefrau im goldenen Käfig, dort Varvara, einsame Russin in Paris. Obwohl den ersten beiden Büchern ein beachtlicher Erfolg beschert war, fehlte ihr die Energie weiterzumachen: »Ich habe das Schreiben sein lassen und es scheint mir nicht viel wert gewesen zu sein, denn (fürchterliches Eingeständnis!) ich habe immer nur zum Zeitvertreib geschrieben, weil ich nichts Besseres zu tun hatte.« Sie litt unter Depressionen: »Ich kann nicht mehr weinen. Ich habe nur dieses unerträgliche Gefühl. Jetzt ist es ein Uhr, ich bin noch immer im Bett, mein Herz schlägt wie gestern, ich habe große Schwierigkeiten aufzustehen, weil es dazu keinen Grund für mich gibt; genauso schwierig ist es, liegenzubleiben, weil es dazu ebenso wenig Grund für mich gibt,« notierte sie am 5.11.1928.

Genau in diesen düsteren Novembertagen kam es zur schicksalhaften Begegnung, die den weiteren Kurs von Elsas Leben bestimmen sollte: In der Bar La Coupole traf Elsa auf den Surrealisten Louis Aragon. Sie kannte seine Bücher. »Ich las *Anicet*, erschienen Ende 1920 ... Als Du 1918 begannst, *Anicet* zu schreiben, hatte ich gerade Moskau verlassen und dachte nicht ans Schreiben. 1923 waren wir beide in Berlin. ... Ich stelle mir vor, wie Du durch eine Drehtür eines der Kaffeehäuser am Kurfürstendamm betratst, während ich gerade hinausging. Wir sind uns nicht begegnet in Berlin.« Dann: »Ich hatte *Pariser Landleben* gelesen, und weil er mir näher, zugehöriger, verwandter war als alles andere, wollte ich den Mann kennenlernen, der ihn geschrieben hatte. Ich bin Dir begegnet ...«

Aragon 1928

Die ersten Lebensjahre Louis Aragons sind ein Gebilde aus Dichtung und Wahrheit. Seine ledige Mutter, Marguerite Toucas, hatte ein Verhältnis mit einem verheirateten Mann. Unter dessen Namen, Louis-Marie Andrieux, wurde Louis Aragon am 3. Oktober 1897 geboren. Seit Marguerites Schwangerschaft galt die ganze Sorge ihrer Eltern der Vermeidung eines gesellschaftlichen Skandals. Das Baby wurde weggegeben, in die Bretagne; nach neun Monaten wieder zurück, gaben sich die eigentlichen Großeltern als die Eltern des kleinen Louis aus. Er wuchs mit einem biografischen Schwindel heran, umgeben von Frauen. Die angebliche Schwester, die seine Mutter war, leitete, unterstützt von mehreren Tanten, in den Jahren zwischen 1900 und 1904 eine Pension. Aragon war fasziniert vom Defilee internationaler Gäste, Durchreisenden und Dauerkunden mit fremdartigen Aufzügen und unterschiedlichen Sprachen. »Zu Hause wurde ich vor allem von den Damen verwöhnt. Den Ausländerinnen …« Aragons Schwäche für diese Ausländerinnen war wahrscheinlich kein Zufall; in einer psychologischen Analyse heißt es, der um seine echte Mutter betrogene Aragon habe als klassischer Ödipus die Liebe zu Nichtfranzösinnen gesucht, um so dem Inzest zu entgehen. Aus Aragons Kindheit erklärt sich auch sein Verhältnis zur Sprache. Was sich Wirklichkeit nennt, ist auch nur eine Erfindung. Es ist das Schreiben, das ihm die Welt erschließt, nur das, was er in Worte fassen kann, ist real. Schon mit sieben Jahren begann das Kind in der Beobachterrolle sich in verschiedene Figuren hineinzuversetzen, Gedichte und Prosa zu schreiben. Nicht zwischen Realität und Fiktion, sondern zwischen dem ungeformten Leben und dem sprachlich geformten verläuft für ihn die Grenze. Das Urvertrauen zu den Dingen, das ihm beizeiten genommen wurde, kann er nur schreibend wiedererlangen, im Zugang zu einer literarisierten Welt.

Aragon hatte seiner Mutter zuliebe das Medizinstudium begonnen. 1917 war ihm in der Pariser Klinik Val-de-Grâce ein junger Mann aufgefallen, der dieselben Autoren las wie er: Mallarmé, Rimbaud, Apollinaire, Lautréamont, Alfred Jarry. »Wer konnte schon diese Auswahl treffen? Niemand, überhaupt niemand.« Aragon »blickte in das Gesicht eines jungen Mannes, der mich anschaute. Und wir unterhielten uns sozusagen schweigend, gaben uns gegenseitig zu verstehen, dass wir uns über die Meute erhaben ansahen.« Es war André Breton. Die beiden von der Literatur und voneinander Begeisterten bezogen eine Stube, dekorierten die Wände mit Bildern von Cézanne, Picasso, Braque, Matisse. Im Val-de-Grâce trafen sich zwei junge Männer, entschlossen, den verhassten bürgerlichen Werten eine Absage zu erteilen. Aragon begann in jener Zeit mit dem Werk, das ihn als Schriftsteller bekannt machte, *Anicet oder das Panorama*. Adrienne Monnier erinnert sich an Aragon als einen jungen Mann, wie er zuvorkommender, intelligenter und einfühlsamer nicht hätte sein können. »Er war bereits damals ein bemerkenswerter Erzähler. Er vermochte zwei oder drei Stunden lang mit großer Zungenfertigkeit zu sprechen, mit jenem leichten Näseln, welches er nie verlor und das seine ironische Art gut wiedergibt: die Provokationen eines Kaspers und scherzhaftes Aufbrausen.« Nach einem Jahr als Soldat an der Saar kehrte Aragon Anfang 1919 wieder nach Paris zurück. Im März 1919 riefen die ›Drei Musketiere‹, Aragon, Breton und Philippe Soupault, die Zeitschrift *Littérature* ins Leben, in der das kleine Drama *Quelle âme divine* (*Welch göttliche Seele*) veröffentlicht wurde, das Aragon als Knirps geschrieben hatte. 1921 erschien *Anicet*, ein Roman, den er in den letzten Kriegsmonaten begonnen hatte, in Fortsetzungen in der prominenten *Nouvelle Revue Française*. Breton vermittelte dem Freund, der dem Medizinstudium nun gänzlich abgeschworen hatte und am Hungertuch nagte, Anfang 1922 Arbeit als Sekretär bei dem Couturier und Kunstsammler Jacques Doucet. Das Bedürfnis nach einem künstlerischen Plan führte 1924 zum von Breton verfassten *Manifest des Surrealismus*, noch zuvor kam Aragons surrealistischer Text *Eine Flut von Träumen* heraus. Die Wohnung der Bretons in der Rue Fontaine diente Aragon als ständige Anlaufstelle im Zentrum von Paris, denn er wohnte weiterhin mit der Familie in Neuilly – von wo er bei jeder Gelegenheit Reißaus nahm. Er war ein Nachtschwärmer, Stammgast in Cafés, Bars und Bordellen. Der Umtriebige hatte nicht nur Frauengeschichten, man sagt ihm homosexuelle Beziehungen, namentlich mit Drieu la Rochelle nach, der damals noch zur Riege der Avantgarde gehörte, bevor der als Kollaborateur seinen Ruf ruinierte. 1925 begegnete Aragon Nancy Cunard, die dem Dandy an Eitelkeit und Exzentrizität in nichts nachstand. Sie war die Erbin eines britischen Reeders, dem Besitzer der Cunard-Line, spindeldürr, befreundet mit der Crème der Pariser Künstlerwelt. Aragon reiste in diesen zwei Jahren mit Nancy kreuz und quer durch Europa, nach Spanien, Holland, Italien und Deutschland. Sie besaß ein Haus in La Chapelle-Réanville an der Atlantikküste, wo das Paar mit einer Handpresse typografische Experimente unternahm. Auf diese Weise entstand eine gemeinsame Übersetzung von Lewis Carrolls Gedicht *The Hunting of the Snark*. So intensiv und produktiv die Zeit mit Nancy Cunard auch war, so wurde Aragon seine soziale und finanzielle Unterlegenheit in dieser Beziehung immer unerträglicher. »Die Voraussetzungen des Lebens dieser Frau, die ich liebte, waren von den meinen sehr verschieden, und ich konnte unser Leben zu zweit nicht weiterführen. In materieller Hinsicht war es schwer, mich mit ihr auf gleicher

Ebene zu halten, und wie hätte ich von ihr erwarten können, sich auf die meine zu begeben? Wir waren an jenem Punkt angelangt, da die Ungleichheit unserer Lebensstile, zusammen mit dem, was uns persönlich trennte, alle möglichen Fragen über meinen weiteren Lebenswandel in mir aufwarf.« Während einer Venedig-Reise im September 1928, als Nancy bereits ihren neuen Lebensgefährten, den schwarzen Musiker Henry Crowder, kennengelernt hatte, stürzte Aragon in eine tiefe Lebenskrise. Er versuchte, sich mit Schlafmitteln das Leben zu nehmen, wurde aber rechtzeitig im Hotelzimmer gefunden. »Ich kehrte nach Paris zurück, verpulverte mein kümmerliches Vermögen, und es blieb mir nicht viel, als ich knapp zwei Monate später Elsa begegnete.« Später schrieb er: »Du fandst mich wie einen Kiesel, den man am Strand aufliest / wie ein merkwürdiges Ding, dessen Sinn keiner kennt.«

Zu diesem Zeitpunkt, 1928, war auch der familiäre Zusammenhang der Surrealistengruppe für Aragon fragwürdig geworden. Bretons Vorschriften hatten absurde Formen angenommen, bis hin zur Wahl der Getränke. Aragon widersetzte sich dem Diktat des Pernod-Trinkens und bestellte Wermut. Die heilige Freundschaft bekam Risse. Im Herbst 1928 bezog Aragon ein Zimmer in der Rue du Château 54, einer spartanisch eingerichteten, jedoch mit allerhand Objekten und Spruchbändern geschmückten Ladenwohnung inmitten eines dörflich wirkenden Künstlerquartiers, die Marcel Duhamel ursprünglich für sich, Yves Tanguy und Jacques Prévert gemietet hatte. »Die Rue du Château wurde zum Versammlungsort für die jüngeren Surrealisten, es ging dort entspannter zu als bei

Bretons täglich einberufenen Treffen im Café Cyrano oder der nahen Radio-Bar am Montmartre.« 1928, als Aragon in der Rue du Château einzog, lautete der Mietvertrag auf Georges Sadoul und André Thirion, die auch dort wohnten, und alle drei litten unter ihren just in die Brüche gegangenen Liebesgeschichten. Es wurde gezecht bis in die Nacht, nicht selten kam man erst am späteren Nachmittag aus den Federn. Hin und wieder durfte ein Obdachloser im Haus übernachten; das geheime Versteck für den Türschlüssel hatte sich herumgesprochen. »Als wir uns kennenlernten, war ich jemand Unmögliches«, bekannte Aragon vierzig Jahre nach der Begegnung mit Elsa Triolet. »Sie brauchte jede Menge Geduld, um mich zu ertragen, eine Geduld, die sie nicht immer in dem Maße hatte wie in jenen Tagen ... Elsa hatte es mit einem Mann zu tun, der eine Welt verließ, um in eine andere einzutreten.«

Elsa zog aus ihrem Hotelzimmer aus und bei Aragon ein. Sie fand das Leben in der Rue du Château zuerst amüsant, doch bald ging ihr das Treiben in der Männer-WG auf die Nerven. »Leute kommen und gehen, Türen schlagen, du sitzt da auf einem Stecknadelkopf, hast nichts, was dir gehört, weder in der Hosentasche noch im Herzen. Wie soll man etwas für sich haben, wenn man in einer Art öffentlichem Durchgang wohnt?« Bereits nach fünf Monaten verließ das Paar den Ort der Unruhe, zog ins Istria und dann in eine kleine Atelierwohnung in der Rue Campagne-Première, was beider Bedürfnis nach Stabilisierung der Lebensumstände entsprach. Von einer Frauenfigur aus Elsas erstem französischen Roman heißt es: »War sie bis jetzt ein abstraktes Wesen geblieben, so hatte sie nun einen wirklichen Liebhaber, ein echtes Domizil …« Eine Wunschvorstellung, die in der damaligen Situation durchaus nicht den Tatsachen entsprach: »Natürlich hat sich alles sehr verändert. Wir führen ein gemeinsames Leben. Wir ziehen um vom Istria ins Atelier – zu zweit. Das ist ein unglaubliches Ereignis in meinem Leben. … Aber meine angeborene List macht es dem Unglück leicht. Ich habe keinen Glauben, zweifle alles an, verdächtige alle und jeden – aber was würde geschehen, wenn ich abreisen würde? … Was tun? Wir sind noch immer zusammen. Ich wage nicht einmal zu denken, wenn ich bei ihm bin, als könnte er Gedanken lesen. Mit einem Wort, er hindert mich am Denken. Und wie seine Liebe für mich auch immer beschaffen sein mag, wie groß sie auch sein mag – mir ist sie immer zu wenig und nie ist es mir recht.« So groß wie das Glücksgefühl ist auch die Furcht, wieder verlassen zu werden – in dem Maße, dass Elsa den Rückzug erwog: »Es gibt eine Möglichkeit: meine Taschen zu packen und in zehn Tagen mit Volodia nach Moskau abzureisen. Aber wem überlasse ich den Jungen dann und wohin geht es mit mir selbst? 32 Jahre usw. Das ist unmöglich, schwierig und ausweglos.« Zudem quälte sie die Eifersucht auf die Vorgängerin, denn Nancy Cunard geisterte immer noch durch Aragons Kopf, hin und wieder sah er sie. »Wie kann er mich so quälen, wenn er mich wirklich liebt? Mit aller Zurückhaltung habe ich ihn gebeten, sie weniger zu sehen, nicht so lange zu bleiben. Nur darum habe ich ihn gebeten. Jetzt werde ich ihn um gar nichts mehr bitten. Es gelingt mir nicht, meine Nerven zu beruhigen.« Doch Aragon blieb Elsa treu. »Mein Leben fängt mit Dir erst an« wird er dichten; 1934 eröffnete er mit *Die Glocken von Basel* einen Zyklus sozialistischer Romane, Elsa gewidmet, »der ich zu sein verdanke, was ich bin, der ich verdanke, aus meinem Nebel heraus den Eingang zur wirklichen Welt gefunden zu haben, für die es sich zu leben und zu sterben lohnt.« Seine Begegnung mit Elsa stellte für Aragon die Weichen als Schriftsteller, in Elsa nahmen die politischen Ideen des Surrealismus Gestalt an, sie brachte ihm die russische Sprache und Literatur nahe. Elsa selbst sollte erst 1938 den ersten von einem guten Dutzend Romanen in französischer Sprache schreiben. Doch bis dahin galt es, die Fronten zu klären: »Als es auf die 30-er Jahre zuging, machten wir beide eine Zeit durch, die schlecht für das Schreiben war. Was mich angeht, erklärt sich dies aus meiner Biografie: die Entwurzelung, der Wechsel von einer Sprache in die andere.«

Die Diskussionen der Surrealisten über den Modus des politischen Engagements spitzten sich in jener Zeit zu: Von 1927 an waren viele der Gruppenmitglieder der PCF, der einzigen Antikriegspartei, beigetreten, darunter auch Aragon; Ernüchterung brachte die Erkenntnis, wie wenig die künstlerischen Mittel der Surrealisten von den Parteifunktionären ernst genommen wurden. Im Herbst 1930 fand im ukrainischen Charkiw der Kongress der revolutionären Schriftsteller statt, den Aragon in Begleitung von Elsa Triolet und Georges Sadoul bereiste – ein Markstein der Trennung der einstigen Freunde Aragon und Breton. Breton sprach von ›Ansteckung‹ als Grund für die Entwicklung des Abtrünnigen, der in der Sowjetunion eine Erklärung unterzeichnet hatte, die künstlerischen Mittel künftig unter die Kontrolle der Partei zu stellen. »Bedenken Sie, dass diese Reise, die voller Überraschungen – und Konsequenzen – sein würde, keineswegs auf Initiative Aragons, sondern Elsa Triolets stattfand, die er gerade kennengelernt hatte und die ihn aufforderte, sie zu begleiten. Aus der Distanz und so wie sie sich im Folgenden definierte, besteht aller Anlass zu vermuten, dass sie dort das verlangte und durchsetzte, was sie wollte. ... Hätten die Umstände nicht nachgeholfen, ... so hätte Aragon, wie ich ihn kenne, niemals etwas auf sich genommen, womit er eine Trennung von uns riskierte.« Elsa wurde das Leben mit einem Mann endlich zu einer Aufgabe; Aragon wurde ihr Verbündeter, mit dem sie das Gedankengut fruchtbar machen konnte, das in der Sowjetunion fast noch im Keim erstickt worden war. Der Kommunismus repräsentierte hier in Frankreich keine Staatsideologie, sondern eine starke, von den Intellektuellen getragene politische Kraft. Aragon konnte mit Elsa da anknüpfen, wo der russischen Avantgarde Einhalt geboten worden war.

Majakowski brannte bei seinem Parisaufenthalt im Herbst 1928 darauf, die Surrealisten kennenzulernen, in denen er Wegbereiter der Revolution sah, doch dem Russen wurde schnell klar, wie blauäugig sie die Sowjetunion sahen, wo Stalin die proletarischen Künstler als einzig wahre Kunstschaffenden emporgehoben hatte. Schlag auf Schlag hatte er Posten mit seinen Gesinnungstreuen besetzt und die künstlerische Avantgarde zurückgedrängt. Im Pariser Milieu kristallisierte sich Elsa Triolets politischer und ästhetischer Standpunkt heraus, umso mehr nach Majakowskis Selbstmord 1930, Auslöser für ihren Entschluss, das intellektuelle Erbe der russischen Avantgarde in Frankreich zu pflegen und unermüdlich an ihre ursprünglichen gesellschaftlichen Visionen zu erinnern. Ihr abschätziger Blick fiel, das war naheliegend, vor allem auf den Surrealismus. Um einige Erfahrungen reicher als die Pariser Schwarmgeister, hielt sie die Revolution einerseits für »eine scheußliche Angelegenheit. Vielleicht würden Sie ihre Meinung darüber ändern, wenn Sie wie ich eine Revolution erlebt hätten«, so Elsa zu Thirion, andererseits sprach sie den künstlerischen Mitteln der Surrealisten, die im Dienst der Revolution stehen sollten, jede gesellschaftliche Durchschlagskraft ab. Auch sie sollte einmal ein surrealistisches Objekt produzieren, in dem sich Trauminhalte konkretisieren sollten, doch bis auf ein paar Tagebuchzeilen kam nichts dabei heraus: »... es sollte ein Aquarium sein (ich hatte nie Geld, um es zu kaufen), mit blauem, lauwarmem, fast heißem Wasser ...« Die Abgrenzung von den Mitteln des Surrealismus hinterließ eine Spur quer durch das Werk Elsa Triolets. Noch in *La mise en mots* (*Vom Schreiben*) mokiert sie sich über die Unzulänglichkeit der *écriture automatique*: »Im Gegensatz zum *automatischen Schreiben*, bei dem versucht wird, das Bewusstsein auszuschalten und das Unbewusste freizusetzen, geht es darum, sich auf die zu benennende Sache zu konzentrieren, derart intensiv, als könne man so die Gewinnzahl beim Roulette erraten: Hätte ich ausreichend Willens- und Konzentrationsstärke, wäre ich in Sachen Literatur Gewinnerin auf ganzer Linie.« Bereits in den 1930er-Jahren erschien ihr der Surrealismus museal, weil die Objekte Formen wiederholten, die längst keine verändernde Kraft mehr besaßen. Vor allem in *Bonsoir, Thérèse* griff Elsa Triolet Themen auf, die die Surrealisten berührt hatten, etwa das Schicksal der Vatermörderin Violette Nozière, von den Surrealisten zu einer Ikone stilisiert, ohne auf die Not aufmerksam zu machen. »Eine merkwürdige Grisette, diese Violette Nozière. Seit ihrer Zeit erzählen uns Romane, Gedichte, Chansons immer wieder dieselbe Geschichte … Entsetzlich jung zu sein, den lieben langen Tag in einem Schneideratelier zu arbeiten, sorglose Abende, mit einem Studenten Jugend und Elend zu teilen, begleitet vom Frühling und von Chansons … Und schließlich ›Adieu, Loulou …‹ Dieses Missverhältnis zwischen den alten Gewohnheiten und der Wirklichkeit ist es, das die alten Frauen lächerlich macht …« Frauen, so Elsa, müssen ihr Schicksal selbst in die Hand nehmen: »Ach, die Männer mit ihren zerlumpten Hosen zwischen den Beinen, die sie zuknöpfen, wenn sie von ihrer Liebsten kommen – diese Kronen der Schöpfung. Dass es Frauen gibt, die Männer sein wollen – die meisten. Meine Zartheit im Tausch gegen ihre Behaarung. Die Frauen sind die Zukunft der Welt. Ihre Stärke ist unentdeckt, aber schließlich gibt es auch die Elektrizität nicht schon immer. Sie wird noch Berge versetzen, diese Kraft aus Liebe, Instinkten, Energie, Intelligenz, um die noch keiner weiß, und die der Hexerei verdächtig ist, weil noch keiner sie versteht. Keine Amazonen – Frauen, wie sie femininer nicht sein könnten, mit Brüsten, langen Haaren, zerbrechlich und zart … Und mächtig.«

In den Jahren zwischen 1928 und 1930, als Elsa in der Surrealistengruppe verkehrte, ging auch ihr Bretons Herrschaftsgebaren gegen den Strich. Überhaupt missbilligte sie die Umgangsformen der Männer den Frauen gegenüber. Von sexueller Libertinage als sozialer Philosophie hielt sie nichts: Flüchtige Affären waren genau das Gegenteil der von ihr ersehnten dauerhaften Bestätigung in der Liebe. Elsas Liebesvorstellung entsprach den marxistischen Gleichberechtigungsideen, wonach nicht sexuelle Beziehungen, sondern der Wert im Arbeitsleben das Ansehen der Frau bestimmen. Ihre Rolle als bloße Verzierung der Männergruppe war für Elsa ein Indiz falschen politischen Bewusstseins: »... die Surrealisten, die einmal eine Umfrage über die Liebe gemacht hatten, akzeptierten die Teilnahme von Frauen keineswegs.« In den während jener Jahre durchgeführten Gesprächen der Surrealisten über Sexualität war Aragon der Einzige unter den Männern, der den Frauen Individualität einräumte, sie nicht als Gattungswesen behandelte, er wies auf die unterschiedliche Sexualität von Mann und Frau hin, er wehrte sich gegen »eine Vorstellung vom Normalmann« in der Gruppe, aus dessen Perspektive die Frauen beurteilt wurden. Auf Bretons Frage, ob denn niemand wisse, was es heiße, eine Frau zu lieben, entgegnete Aragon: »Doch, ich. Eine Frau lieben heißt, sie als alleinigen Lebensinhalt zu betrachten, als eine Inbesitznahme, vor der alles andere zurücktritt.« Als sich Aragon für Elsa entschied, erteilte er damit gleichzeitig dem surrealistischen Frauenbild eine Absage. Die Anbetung, die ihr später in Aragons Versen zuteil wurde, galt nicht der auf Mann und Frau beschränkten *amour*, sie wurde zum Namen für Aragons ›Ausgang aus surrealistischer Unmündigkeit‹. Kein Wunder, dass André Breton Elsa nicht leiden konnte.

»Wenn Aragon eine andere Frau gefunden hätte, wäre
ein anderer Schriftsteller aus ihm geworden.« (Claire Goll)
Louis Aragon, Elsa Triolet, André Breton,
Paul Éluard und Nusch um 1931

1932 wirbelte die sogenannte »Affaire Aragon« Staub auf: In seinem Gedicht *Rotfront* eröffnete der Dichter das – verbale – Feuer sogar auf die Sozialdemokratie. Breton plädierte zwar für den unter Anklage stehenden Aragon und die künstlerische Freiheit – doch führte die Affäre zum endgültigen Bruch zwischen den scheidenden Brüdern, weil Breton das Gedicht als formal rückständig verurteilte. Aragons radikalisierter Standpunkt offenbarte sich in seinem Kommentar zu Dalís *Denkmaschine*, einem Objekt aus vielen kleinen mit warmer Milch gefüllten Trinkbechern, die an einem Schaukelstuhl befestigt werden sollten. »Ich protestiere gegen Dalís Objekte – Gläser voll Milch sind nicht zur Herstellung surrealistischer Objekte, sondern für die Kinder von Arbeitslosen da.« Dalí deutete dies als klare Ankündigung des bevorstehenden Bruchs: »Er schlug damit jenen Ton intellektueller und moralischer Gemeinheit an, in den er verfallen sollte, um zu guter Letzt schmählich in den allerservilsten Konformismus, in die stalinistische Bürokratie, abzusacken.« Für die einstigen Weggefährten war Elsa der Spaltpilz, und Aragon sahen sie als Opfers einer Verirrung. Aragon beklagte sich bei seinem Freund Jean Paulhan: »Soviel ich davon verstehe, was mir E. darüber schreibt, was in unseren literarischen Milieus über sie geredet wird, so scheint es mir, dass man einem Mann in den Rücken fällt, wenn man ihm nicht die Stirn bieten oder ihn sogar ins Herz treffen kann. Deshalb ist es schwierig, die Frau eines verhassten Schriftstellers zu sein.« Auf Adrienne Monnier anspielend, schrieb Elsa: »Diese ›Feministinnen‹ haben mich im Schatten des umflorten Aragon nie sehen wollen.« Innerhalb des Paares war Aragon immer der Sympathieträger, Elsa der Sündenbock. Claire Golls bissiger Kommentar: »Vielleicht hätte sich Aragons Schicksal anders gestaltet, wenn er Elsa Triolet nicht getroffen oder, besser gesagt, Elsa Triolet nicht auf ihn verfallen wäre. Sie hat ihn regelrecht mit dem Enterhaken gekapert. Dann brachte sie ihn nach und nach dazu, mit seinen surrealistischen Freunden zu brechen, damit sie seinen Ruhm mit niemandem mehr zu teilen brauchte. Sie wurde seine politische und literarische Managerin und lenkte seine Schritte auf dem Weg des Erfolges. Wenn Aragon eine andere Frau gefunden hätte, wäre ein anderer Schriftsteller aus ihm geworden.«

Aragon und Breton sahen sich nach ihrer Entzweiung 1932 nie mehr wieder, wenngleich sie ihre Werdegänge aus der Ferne gegenseitig aufmerksam verfolgten. Noch 1979, als er sich in einem Interview an Breton erinnerte, vergaß Aragon nicht zu erwähnen, dass er gerade in einem Sessel unter Elsas Porträt sitze, »die mir mit einem Lächeln zuhört.«

Schwere Zeiten

Elsas Zweifel an Aragons Treue waren vertrieben, doch nun folgten ruhelose Jahre. Aragon fragte: »Wie konnte das Leben einer Frau im damaligen Frankreich aussehen, verheiratet mit einem alleinstehenden Franzosen, in dem die Leute später eine so wenig zu empfehlende Person wie mich entdecken sollten?« Elsa, seit 1939 auch auf dem Papier mit Aragon verbunden, saß wie zwischen zwei Stühlen: In Paris verdächtigte man sie sogar als sowjetische Spionin, in der Heimat galt sie als kapriziöse Pariserin. »Vielleicht hätte ich in mein Land zurückgehen können oder sogar müssen, aber darüber dachte ich gar nicht nach. Mit den Meinen war ich nicht mehr auf einer Wellenlänge, Familie oder nicht: Sie hatten den Bürgerkrieg, die Hungersnot, die mörderischen Winter erlebt, während ich irgendwo auf dem paradiesischen Tahiti weilte. Manche sagten mir das auch, ohne ein Blatt vor den Mund zu nehmen.« Ossip Brik schrieb 1933 an Lilja: »Seit Elsa fort ist, geht viel weniger Geld für Essen drauf, weil Aragons mäklig sind und immer mal dies, mal das nicht mögen. Dabei hatten sie reichlich Geld, wussten gar nicht wohin damit. ... Überhaupt bin ich froh, dass sie weg sind. Die letzte Zeit hatten sie sich gar zu sehr breitgemacht. Schnatterten, machten Spektakel. Kamen und gingen, aßen, wann es ihnen einfiel, nahmen auf nichts und niemanden Rücksicht. – Natascha sagte: ›So sind die Franzosen.‹ – Bohème mit Ausländerversorgung. – Ich mag so was nicht.«

Elsa verspürte wieder Lust zu schreiben, doch fehlte ihr ein zündendes Thema. Und sie brauchte Geld. Sie übernahm Schreibarbeiten und trat – auf Vermittlung Luis Buñuels – als Statistin beim Film auf. Sie perfektionierte sich im Herstellen von Modeschmuck, und ein Redakteur der *Vogue* war auf ihren originellen Halsschmuck aufmerksam geworden; er schlug ihr vor, solche Ketten serienmäßig herzustellen. Abnehmer gab es genug, die Modeschöpferin Elsa Schiaparelli lancierte Pullover mit üppigen Accessoires. Also stellte Elsa Glasperlen, Porzellanblätter, Papierblumen zu originellen Unikaten zusammen. Mit Aragon zog sie durch die vornehmen Pariser Quartiers, um sie in den Häusern der führenden Couturiers, Chanel, Lanvin, Molyneux, Schiaparelli, Lelong, anzubieten. Natalie Paley, eine mit ihren in die Unterröcke eingenähten Juwelen geflüchtete russische Prinzessin, hatte 1927 den Modeschöpfer Lucien Lelong geheiratet – gut möglich, dass sie die Verbindung zwischen Lelong und Elsa Triolet hergestellt hatte. Ihre Exkursionen durch die Welt der Modehäuser schilderte Elsa in *Colliers*. Sie verhandelte bereits mit einem Leningrader Verlag, da schritt die Zensur ein und verbot die Publikation; nur ein Auszug wurde 1933 in *Krasnaja Nov* abgedruckt, dem Organ der Union sowjetischer Schriftsteller, das noch nicht restlos »gleichgeschaltet« worden war. Als 1934 Triolets russische Übersetzung von Célines *Reise ans Ende der Nacht* erschien, hatte die Zensur auch diesen Text verstümmelt. Aus Elsas Korrespondentenberichten über den Generalstreik vom 9. Februar und die Volksfront in *Krasnaja Nov* und *Tridcat Dnej* wurde auch die leiseste Kritik gestrichen. Ihr war klar, dass sie als freie Schriftstellerin in der Sowjetunion keine Chance mehr hatte, sich an ein französisches Publikum würde richten müssen. In der Tageszeitung *Ce Soir*, deren Chefredakteur Aragon inzwischen war, schrieb sie weitere Artikel und 1937 eine Kolumne: Unter dem Pseudonym *Prune* (Pflaume) und der Überschrift *Je n'ai rien à me mettre* (*Ich hab' nichts zum Anziehen*) gab sie Leserinnen Modetips. Dazu erkundigte sie sich bei der Schwester: »Wie findest Du meine Modeseite in *Ce Soir*? Die kleinen Artikel sind meist nicht mein Produkt, meistens schustere ich sie zusammen oder schreibe sie um. So ganz nebenbei habe ich für Lucien Lelong ein paar Modelle mit Perlen und ein Handtäschchen gemacht. Das Täschchen ist lustig – durchsichtig wie aus Glas (für den Abend), sodass der ganze Inhalt zu sehen ist, der natürlich schön sein muss! Puderdose, Geld und Liebesbriefe.«

1938 erschien *Bonsoir, Thérèse*, der erste von einem guten Dutzend Romanen, die Elsa Triolet noch veröffentlichen sollte. Wieder ist er stark autobiografisch, handelt vom einsamen Irrlichtern einer Fremden in Paris. Beim Schreiben hatte sie nicht nur die Widerstände der fremden Sprache, sondern auch die männliche Konkurrenz gegen sich. Thirion berichtet von tränenreichen Szenen bereits aus der Rue du Château, wann immer Elsa Aragon etwas von sich vorlas. Elsa soll Clara Malraux erzählt haben, dass sie ihre Manuskripte vor Aragon verstecke. »Um sich seiner Maschine bedienen zu können, musste sie immer warten, bis die Tür hinter ihm ins Schloss fiel. Dabei war sie doch in Russland eine anerkannte Schriftstellerin gewesen, und auch Ehrenburg hatte uns gegenüber mit Hochachtung von ihren Büchern gesprochen. Und jetzt, wo sie die Frau eines berühmten Schriftstellers war, konnte sie es sich nicht mehr leisten ... Ja, was eigentlich? Ein schlechtes Buch zu schreiben? Aber dafür wäre doch eigentlich nur sie selbst verantwortlich ... Oder fürchtete sie vielmehr die Feindseligkeit des Mannes, der für sich selbst den ersten Platz beanspruchte?« Dabei stellte Elsa ihr eigenes Können immer hinter Aragons schriftstellerisches Talent. Von einem ihrer Bücher sagte sie, »dass beispielsweise Aragon es hundertmal besser geschrieben hätte.« Bei aller Übereinstimmung der politischen Perspektive von Aragon und

Triolet, ihre Schreibweisen wichen enorm voneinander ab. Während der Sprachkünstler sich an eine intellektuelle *Happy few* wandte, wollte sie die Massen erreichen, wobei allzu plakative Botschaften immer wieder in Plattitüden münden, auf die Aragon in einem Brief an Jean Paulhan offenbar anspielte: »Ich habe keine Angst, mich lächerlich zu machen, wenn ich von dem spreche, was meine Frau schreibt. Ich glaube, sie beschreitet Wege des Ausdrucks, die uns verschlossen sind. Mir jedenfalls sind sie verboten.«

Die sich überstürzenden Ereignisse bestimmten über die Entfaltung der Schriftstellerin Elsa Triolet. Aragon wurde am 2. September 1939 – wie im Ersten Weltkrieg als Aushilfsarzt – eingezogen, Elsa, allein in Paris, musste Hausdurchsuchungen über sich ergehen lassen. »Mir saßen sie die ganze Zeit im Nacken und hätten mich bestimmt verhaftet, wäre nicht die Massenflucht aus Paris dazwischengekommen.« Im Juni 1940 wurde Aragon demobilisiert, und das wiedervereinte Paar flüchtete in die freie Zone im französischen Süden, wo sie von einer Unterkunft in die nächste zogen, bis sie schließlich in Nizza eine Bleibe fanden. Leben konnten sie in der Hauptsache von den Tantiemen der amerikanischen Ausgabe von Aragons Roman *Die Reisenden der Oberklasse*. In jener Zeit füllte Elsa Notizhefte mit ihren Beobachtungen des durch den Krieg vollkommen veränderten Alltagslebens, der Schwarzmarkthandel blühte, überall Flüchtlinge, die auf die Schiffspassage nach Amerika warteten. Doch das legale Publizieren gestaltete sich immer schwieriger, die Zensur griff immer öfter ein und im Sommer 1942 kostete es die Macher des von Aragon mitbegründeten Résistance-

Organs *Les Lettres Françaises* das Leben. Im November dann, als Mussolinis Truppen Nizza besetzten, gingen Elsa und Louis in den Untergrund, ein Entschluss für den politischen Kampf und gegen das Exil in Amerika, wohin viele Kollegen – auch Breton, nunmehr mit seiner zweiten Ehefrau Jacqueline Lamba – ausgewandert waren. Mit falschen Papieren lebten sie zunächst in Lyon, wo es jedoch bald zu gefährlich wurde und sie in ein Provencedorf weiterzogen. Elsa schrieb unter dem Pseudonym Laurent Daniel Novellen, die als kleine Broschüren erschienen und in Abschriften von Hand kursierten, sowie einen Kurzroman, *Die Liebenden von Avignon.* »Schreiben war meine Freiheit, meine Herausforderung, mein Luxus. Niemand konnte mich daran hindern, Wirklichkeiten zu erfinden.« Im Frühjahr 1943 wurde Elsa Triolets Roman *Le cheval blanc – Das weiße Pferd* in Paris verlegt, obwohl sie als Russin, Kommunistin und Jüdin auf den Index gehört hätte – sie war zu unbekannt. Im September 1944 kehrten Elsa und Aragon ins befreite Paris zurück. Seit jener Zeit riss Elsas Romanproduktion nicht mehr ab. Die Résistance hatte ihr die Literatur als politisches Werkzeug in die Hand gegeben. Die politische Botschaft verlieh nicht nur dem lange als Zeitvertreib empfundenen Schreiben, sondern auch dem eigenen Dasein einen erkennbaren Sinn. »Wäre das Schreiben nicht gewesen, hätte ich womöglich Hand an mich gelegt, so schwer und furchtbar ist es zuweilen gewesen. Dieses Tun habe ich ordentlich lieb gewonnen, es ersetzt mir die Freunde, die Jugend und vieles andere, was einem im Leben fehlt. *Le cheval blanc* hat uns zwei Jahre ernährt, und es war nicht schlimm, dass die Amerikaner uns nichts mehr schickten. Die Bücher hatten viel Erfolg, man begann mich zu achten und ernst zu nehmen.« 1945 erhielt Elsa Triolet für ihre Novellensammlung *Le premier accroc coûte deux cents francs* (*Das Ende hat seinen Preis*) den Prix Goncourt, eine Würdigung der literarischen Résistance. »Schon nach kurzer Zeit hatte ich genug Geld, um ein Landhaus zu kaufen; die Leute begannen, meine Bücher zu mögen, ja, sie rannten ihnen hinterher. Theater, Kino, Zeitungen und Magazine standen mir offen. Doch in dem Maße, wie die Résistance ihre schönen Farben verlor, schienen auch meine Bücher und ich zu verblassen.« Den intellektuellen Widerstand hatten hauptsächlich die Kommunisten organisiert, denen die Aufrechterhaltung des Literaturbetriebs zu verdanken war. »Es war die Zeit der Vichy-Literatur, im besten Falle der in Wasser gekochten Karotten und Kohlrüben. Der sichtbare Beweis, dass neben dem Unkraut der Kollaboration noch etwas anderes gedeihen konnte, zeitigte eine Wirkung, die man sich heute, da die Ernte wieder gut steht, nur schwer vorstellen kann.« Das Paar Elsa Triolet und Louis Aragon erlebte just nach Kriegsende seine große Stunde, wurde gefeiert, stand für das gute Gewissen der Nation. Doch schon bald nach Kriegsende brach die Solidarität auseinander, die der gemeinsame Feind geschaffen hatte. Die europäische Integration durch Amerika drängte die Kommunisten ins Abseits – auch in ein moralisches, denn inzwischen waren Stalins Verbrechen ans Licht gekommen –, und der Kalte Krieg bestimmte das politische Klima. Nur vor dem Hintergrund der Résistance ist zu ermessen, warum Elsa Triolet so lange an einem Kommunismus festhielt, der in der Sowjetunion totalitär geworden war. Dabei wurde der Freiheitskampf während der Okkupation in einen direkten historischen Bezug zur Befreiung vom russischen Zarenregime gestellt. »Als ich fortging, war ich sicher, sehr schnell zurückzukommen, nur mal eine Reise zu machen. Noch wusste ich nicht, dass *die Politik mein Schicksal sein würde*. Und wenn ich mir die Ausmaße der Oktoberrevolution vor Augen führte, so dachte ich nicht im Feringsten daran, dass die Tore dieses Landes dadurch zu allen Seiten hin verschlossen werden würden. Darum also habe ich mich ins Leben gestürzt wie in ein Meer aus Nostalgie.« Wenn das offizielle Verhältnis stimmte, ließ sich auch der Kontakt zu Lilja in der Sowjetunion so halten, dass Elsa ihr helfen konnte. Dass Lilja aus Fotos von Majakowski kurzerhand wegretuschiert wurde, da zum Bild des inzwischen als sowjetischen Helden gefeierten Dichters keine Frau passte, die Jüdin war – nur die Spitze des Eisbergs. Schon 1952, während eines Moskauaufenthalts, waren Elsa und Louis die Kampagnen gegen Intellektuelle nicht unbekannt geblieben. Seit den Säuberungsaktionen in den 1930er-Jahren waren mehr als acht Millionen Menschen umgekommen, darunter auch Familienmitglieder Elsas. In der UdSSR wurde von ihren Texten in den 1950er-Jahren, einer Phase des extremen Nationalismus, in der kosmopolitisches Denken radikal getilgt wurde, nichts publiziert. Doch Elsa war die Integrität entglitten, die sie als öffentliche Person im Namen der zahllosen Opfer hätte bewahren müssen. In Briefen an Lilja sprach Elsa aus, was sie öffentlich verschwieg: »Meine Seele ist ganz aus der Fassung, wie nach einem Autounfall – überall Prellungen und Wunden … Was wäre da erst von Euch zu sagen … Wir haben uns … durch unsere Gutgläubigkeit schuldig gemacht, die Falschmünzer sind nicht wir, aber wir waren es, die die Falschmünzen in Umlauf brachten – aus Unwissenheit, die wir für Glauben hielten … Also, der Schlagbaum ist geöffnet, es wurde grünes Licht gegeben, jetzt fangen alle an, uns einzuheizen …« Der öffentlich vollzogene Bruch mit dem Kommunismus wäre der Abschied von der eigenen Geschichte gewesen, einem Lebensentwurf, der jahrzehntelang Gültigkeit besessen hatte. »Das Schiff sinkt! So ist es – unser Schiff sinkt«, trauerte Cocteau. Wohl nicht ganz zufällig zog sich das Schriftstellerpaar gerade in den 1950er-Jahren auf einen Landsitz, eine alte Wassermühle in Saint-Arnoult südwestlich von Paris, zurück. Erst am Ende ihres Lebens gab Elsa Triolet ihre Irrtümer und damit die eigene Enttäuschung zu. 1968 erhoben Aragon und Triolet endlich öffentlich Einspruch gegen die Invasion der Truppen des Warschauer Paktes in die CSSR. Triolet brandmarkte Solschenizyns Ausweisung aus der Sowjetunion als monumentalen Fehler und sprach in einer Erklärung des linksgerichteten nationalen Schriftstellerkommitees offen aus, dass die Geschichte dieses Landes mit Blut besudelt sei. Prompt stand das Paar in den Ostblockländern in Acht und Bann, Subventionen der kommunistischen Partei wurden gestrichen, sämtliche Abonnements der *Lettres Françaises* gekündigt, die 1970 ihr Erscheinen einstellen mussten. Doch für einen Imagewechsel war es längst zu spät. Elsa Triolet ist als prominente Stalinistin in die französische Literaturgeschichte eingegangen. Sie hatte den Kommunismus zu ihrer Sache gemacht, ihn als Plattform der eigenen Öffentlichkeit benutzt, obwohl er sich längst schon in ein Dogma pervertiert hatte, welches das Gegenteil der avantgardistischen Ideale war.

Das produktive Schriftstellerpaar

Das Eingeständnis der eigenen Fehlbarkeit und die Aufkündigung der politischen Zielsetzungen, die das gesellschaftliche Ansehen begründet hatten, bedeutete den Austritt aus einer Rolle – und Elsa Triolet schlüpfte in eine neue. Sie veranstaltete Buchmessen, schrieb regelmäßig in den *Lettres Françaises*, vor allem Theaterkritiken, organisierte eine Wanderausstellung über Majakowski, leitete Diskussionsrunden. Sie verstand sich nicht nur als Majakowskis ›Bevollmächtigte‹; sie zeichnete als Übersetzerin russischer Texte ins Französische, darunter Tschechows sämtliche Theaterstücke, Erzählungen von Schklowski, Gedichte von Marina Zwetajewa und Anna Achmatowa, hatte eine Anthologie russischer Poesie herausgegeben. Sie hatte es sich zur Aufgabe gemacht, unablässig an die Kunst der russischen Avantgarde zu erinnern, Statthalterin der Einlösung unerreichter Ziele. Durch Repräsentationsfunktionen im Rahmen der politischen Arbeit bekleidete sie eine gesellschaftliche Position innerhalb der Öffentlichkeit und führte als Frau in der Männerdomäne Politik den emanzipatorischen Fortschritt vor, der einer der Leitgedanken ihrer Romane ist. »Aus Gewohnheit machen sich die Frauen keine Gedanken darüber, was die Zeitungen beschäftigt; sie schließen sich

*Mann und Frau sollte mehr verbinden
als die Liebe, so Elsa Triolet.
Das Schriftsteller-Ehepaar Ende der 1940er-Jahre*

der Meinung ihrer Männer an. Und die Welt ist in mehr oder weniger stabilem Gleichgewicht, solange das Paar über die Frage der Silberlöffelchen in moralischem Einklang steht; doch sobald dieses Gleichgewicht ins Wanken kommt, wird die gesamte potenzielle Ideologie erschüttert ...« In Feminismusdebatten allerdings verhallten diese Aufrufe zum Austritt aus der häuslichen Verwahrung, weil sie, in die kommunistische Ideologie eingebunden, keine wirkliche Entwicklungsmöglichkeit zuließen. »Dort, wo Mann und Frau nicht im gemeinsamen Kampf vereint sind, fällt der Mensch in mittelalterliche Zustände zurück. Wir, die Frauen sind es, die den Fortschritt repräsentieren, indem wir für unsere Würde als Frauen kämpfen.« In der Vision einer kommunistischen Gesellschaft war das Glück aller Menschen per definitionem enthalten.

Anknüpfend an den Surrealismus, der Liebe und Begehren als die wahrhaftigen revolutionären Kräfte reklamiert hatte, ohne dem weiblichen Part einen Handlungsspielraum zu lassen, inszenierten Elsa und Louis sich als symbiotisches Paar, dessen Liebe durch ein gemeinsames Ziel ewig währt. Das Privatleben wurde als Politikum behandelt, denn jede einzelne Handlung des Individuums berührte – im marxistischen Sinne – die Interessen des Kollektivs. Sie traten stets mit einer Stimme auf. Im Dokumentarfilm *Elsa la Rose* inszenieren sie sich beim gemeinsamen Tun, fragen einander um Rat beim Verfassen der Texte. Ebenso wie das romantisch gezeichnete Arbeitsverhältnis wird damit das Schaffen des Schriftstellers als handwerkliche Tätigkeit – gesellschaftliche Arbeit – vorgeführt. Das Schriftstellerpaar manifestierte seine Allianz in der

Präsentation ihrer beider Romane als einen einzigen und monumentalen, literarischen Dialog. Die 20-bändigen *Œuvres Romanesques Croisées* erschienen seit 1964 in abwechselnder Folge, wie ein Dialog. Politische und private Aussage gehen dabei stets Hand in Hand: »Wenn sie sich nur von der Wiege an gekannt hätten … Wenn sie zusammen laufen und lesen gelernt hätten, wenn sie die Liebe miteinander gelernt hätten! All die verlorene Zeit. Verschiedene Elternpaare, verschiedene Geburtsorte … Man sollte diese Leerstelle überwinden, ›sich erzählen‹, um den Eindruck zu haben, dass diese Trennung, mit der ihrer beider Leben beginnt, nicht stattgefunden hat …« Der Schriftsteller und Poet Aragon zelebrierte die Frau als »Zukunft des Menschen«, und Elsa ließ eine ihrer Romanfiguren ähnliches sagen: »Morgen wird Ikarus eine Frau sein.« Elsa führte ein poetisches Doppelleben in Aragons Gedichten: *Elsa, Le Fou d'Elsa* (*Elsas Narr*), *Les Yeux d'Elsa* (*Elsas Augen*). Sie war nicht stumme Muse, sondern antwortendes Du des Poeten: »Der sogenannte *andere* ist nur ein nominaler Ausdruck, was unter dem *anderen* verstanden wird, hat kein Gesicht, ist eine Abstraktion, die nichts als abstrakte Gedichte hervorbringt. Für mich ist der andere in einem ganz konkreten Sinne Elsa. Allen voran ist es Elsa.« Gefragt, wie sich denn die Leserin Elsa gegenüber der poetischen Elsa verhalte, antwortete Aragon: »Ich weiß, dass Elsa das, was sie selbst betrifft, immer so zu lesen versucht, als handle es sich um eine andere Person; sonst wäre es ihr unerträglich.« Er selbst sah sich in der Tradition mittelalterlicher Minne, Ausdruck der Hochblüte menschlicher Kultur, fortgesetzter Gesang als Werbung um das

Schöne, inkarniert durch die edle Frau. Die offene Verehrung des Dichters galt einem neuen, selbstbewussten und selbstständigen Frauentypus, der sich nach traditioneller Lesart so wenig zur Anbetung anbot. Die politischen Fauxpas wurden Aragon, der immer wieder durch die Eleganz seiner Verse verführen konnte, weitreichend verziehen, nicht aber Elsa, die oft einen schulmeisterlichen Ton anschlug. Sie blieb Zielscheibe persönlicher Angriffe: »Ich habe Elsas Augen. Ich habe einen Ehemann, der Kommunist ist. Und ich bin daran *schuld.* Ich bin ein Werkzeug der Sowjets. Ich bin ein Luxusgeschöpf. Ich bin *grande dame* und Schandfleck. Ich bin dem sozialistischen Realismus ergeben. Ich bin eine Moralistin und ein frivoles, strickendes, fabulierendes Geschöpf. Ich bin Scheherazade, die große Erzählerin. Ich bin die Muse und der Fluch des Dichters. Ich bin schön, und ich bin abstoßend. Man stopft mich mit Gedanken und Gefühlen aus wie eine Puppe mit Stroh, ohne dass ich dafür etwas könnte.« Die Bilanz am Ende ihres Lebens klang resigniert. Elsas Ruhm war im Wesentlichen abhängig vom politischen Klima, die kommunistische Utopie in immer unerreichbarere Ferne gerückt. Doch eingelöst wurde für sie das Versprechen der Liebe, das sie sich selbst noch als Mädchen in Moskau gegeben hatte. In ihrem letzten Roman *Le rossignol se taît à l'aube* (*Die Nachtigall verstummt im Morgengrauen*), erschienen 1969, schrieb sie: »Und was die Frauen angeht … Wenn sie heute die einzige Frau bei dem nächtlichen Treffen der Jugendfreunde war, so, weil die anderen auf der Strecke geblieben waren, sich in andere Arme geworfen hatten, oder waren vielleicht gestorben. Oder wollten sich nicht zeigen, ihrer Schönheit und ihrer Jugend beraubt? Da war keine Einzige, die mit einem Mann noch durch etwas anderes als die Liebe verbunden gewesen wäre. Sobald es aus ist mit der Liebe, sind sie verschwunden.«

»Tja, so ist das, im Sommer kann man ruhig sterben, die Ärzte sind alle im Urlaub …«, schrieb Elsa kurz vor ihrem Tod an die Schwester in Moskau. Zufälligkeit oder Paarkult über den Tod hinaus: Seit Elsa Triolet am 16. Juni 1970 einem Herzleiden erlag, das ihr schon seit ein paar Jahren zu schaffen gemacht hatte, blieb der Abreißkalender in ihrem Zimmer auf dem Landsitz in Saint-Arnoult unberührt. Mit Elsa hatte Aragon auch der Kampfgeist verlassen; sein Werk war im Wesentlichen zu einem Abschluss gekommen. Aragon überlebte Elsa um gut zehn Jahre. Das Paar ist im Park der Mühle von Saint-Arnoult beerdigt, auf der Grabplatte ein Vermächtnis: »Und wenn wir dann Seite an Seite nebeneinander ruhen, wird die Allianz unserer Werke uns im Guten wie im Schlechten in einer Zukunft vereinen, die unser Traum und unsere größte Sorge war … So werden unsere vereinigten Bücher, schwarz auf weiß, Hand in Hand, dem die Stirn bieten, was uns einander entreißen wird.«

Literatur

Simone Breton

Aragon, Louis: Une vague de rêves. Paris: Seghers 1990.

Ders.: Lettres à Denise. Hg. von Pierre Daix. Paris: Maurice Nadeau 1994.

Breton André: Œuvres Complètes. Paris: Gallimard 1988 (Bibliothèque de la Pléiade).

Béhar, Henri: André Breton. Le grand indésirable. Paris: Calman-Lévy 1990.

Bonnet, Marguerite: André Breton. Naissance de l'aventure surréaliste. Paris: Corti 1975.

Centre Georges Pompidou (Hg.): André Breton. La beauté convulsive. Paris: Centre Pompidou 1991.

Daix, Pierre: Aragon. Paris: Flammarion 1994.

Ders.: La vie quotidienne des surréalistes. 1917–1932. Paris: Hachette 1993.

Desnos, Robert: Corps et biens. Paris: Gallimard 1953.

Man Ray: Selbstporträt. München: Schirmer/Mosel 1983.

Monnier, Adrienne: Rue de l'Odéon. Paris: Albin Michel 1989.

Pierre, José: Recherchen im Reich der Sinne. Die zwölf Gespräche der Surrealisten über Sexualität. München: C.H. Beck 1993.

Thévenin, Paule: Bureau de recherches surréalistes. Cahier de la permanence. Paris: Gallimard 1988.

Thirion, André: Révolutionnaires sans révolution. Paris: Le Pré aux Clercs 1988.

Gala Éluard

Bona, Dominique: Gala. Paris: Flammarion 1995.

Crastre, Victor: Le drame du surréalisme. Paris. Éditions du Temps 1963.

Dalí, Salvador: So wird man Dalí. München: Moewig 1981.

Éluard, Paul: Œuvres Complètes. Paris: Gallimard 1954 (Bibliothèque de la Pléiade).

Ders.: Liebesbriefe an Gala. München: dtv 1990.

Ernst, Jimmy: Nicht gerade ein Stilleben. Erinnerungen an meinen Vater Max Ernst. Übers. von Barbara Bortfeldt. Köln: Kiepenheuer & Witsch 1984.

McGirk, Tim: Gala, Dalís skandalöse Muse. Reinbek: Rowohlt 1989.

Guggenheim, Peggy: Ich habe alles gelebt. Die Memoiren der ›Femme fatale‹ der Kunst. München: Bastei Lübbe 1990.

Jean, Raymond: Éluard. Paris: Seuil 1968.

Josephson, Matthew: Life among the Surrealists. New York: Holt, Rinehart & Winston 1962.

Morlino, Bernard: Philippe Soupault: Qui êtes-vous? Paris: La Manufacture 1987.

Razumowsky, Maria: Marina Zwetajewa. Frankfurt/M.: Suhrkamp 1989.

Vieuille, Chantal: Gala. Lausanne: Éditions Favre 1988.

Elsa Triolet

Aragon, Louis: Vorwort zu Elsa Triolets Novellensammlung Mille regrets. Paris: Gallimard 1960.

Ders.: Aragon parle avec Dominique Arban. Paris: Seghers 1968.

Ders.: Libertinage, die Ausschweifung. Frankfurt/M.: Suhrkamp 1979.

Ders.: Die Viertel der Reichen. Frankfurt/M.: Fischer 1985.

Ders., Jean Paulhan und Elsa Triolet: ›Le temps traversé‹. Correspondance 1920–1964. Hg. u. kommentiert von Bernard Leuillot. Paris: Gallimard 1994. (93. Brief vom 8.5.1940)

Brik, Lilja: Schreib Verse für mich. Erinnerungen an Majakowski. München: dtv 1993.

Dalí, Salvador: Gesammelte Schriften. München: Rogner & Bernhard 1974.

Ehrenburg, Ilja: Menschen, Jahre, Leben. München: Kindler 1962.

Goll, Claire: Ich verzeihe keinem. Berlin: Rütten & Loening 1987.

Kändler, Klaus u.a.: Berliner Begegnungen. Ausländische Künstler in Berlin 1918 bis 1933. Aufsätze – Bilder – Dokumente. Berlin: Dietz Verlag 1987.

Klüver, Billy und Julie Martin: Kiki's Paris. Artists and Lovers 1900–1930. New York: Harry N. Abrams 1989.

Malraux, Clara: Das Geräusch meiner Schritte. München: Scherz 1982.

Marienhof, Anatoli: Zyniker. Reclam: Leipzig 1990.

Schklowski, Viktor: Zoo oder Briefe nicht über die Liebe. Frankfurt/M.: Suhrkamp 1965.

Triolet, Elsa: Majakowski. Berlin: Aufbau-Verlag 1957.

Dies.: Œuvres Romanesques Croisées I, Vorwort. Paris: Laffont 1964.

Dies.: La mise en mots. Paris: Skira 1969.

Dies.: Le rossignol se tait à l'aube. Paris: Gallimard 1969.

Dies.: Le premier accroc coûte deux cents francs. Paris: Denoël 1973.

Dies.: Fraise-des-Bois. Paris: Gallimard 1974.

Dies.: Camouflage. Paris: Gallimard 1976.

Dies.: Bonsoir, Thérèse. Paris: Gallimard 1978.

Wallard, Daniel: Aragon. Un portrait. Paris: Éditions Cercle d'Art 1979.

Unda Hörner

Am Horizont der Meere
Gala Dalí

Roman, 304 Seiten
gebunden mit Schutzumschlag
ISBN 978-3-86915-189-2

1912 begegnet die junge Helena Diakonova aus Moskau, genannt Gala, bei einer Kur in Davos dem angehenden Dichter Paul Éluard aus Paris. Sie folgt dem Geliebten mitten in den Kriegswirren an die Seine, sie heiraten und bekommen eine Tochter. Doch schon bald zieht es Gala in die Bohème-Kreise. Als 1929 der junge Salvador Dalí in ihr Leben tritt, beschließt sie, alles hinter sich zu lassen, um bei ihm zu bleiben ... Unda Hörner zeichnet ein spannendes Porträt der legendären Muse der Surrealisten, die alle Fesseln sprengt, um sich ein eigenständiges Leben zu erkämpfen, und vermittelt zugleich ein farbiges Bild der Pariser Avantgarde in den 1920er- und 1930er-Jahren.

– www.ebersbach-simon.de –

Unda Hörner
Der Zauberberg ruft!
Die Bohème in Davos
blue notes 97, 144 Seiten
Halbleinen, Fadenheftung
ISBN 978-3-86915-257-8

In Davos traf sich einst die Bohème aus aller Welt, residierte im legendären Grandhotel Belvedere, im Waldsanatorium oder in Clavadel, wiegte sich im Walzertakt und ließ sich zu Werken der Weltliteratur inspirieren. So auch Paul Éluard und seine zukünftige Frau Gala, später Gala Dalí, René Crevel und Mopsa Sternheim sowie Katia und Thomas Mann, der den Schweizer Luftkurort mit seinem *Zauberberg* unsterblich machte. Auch zahlreiche Gemälde von Ernst Ludwig Kirchner zeugen bis heute von der Faszination der Schweizer Bergwelt. Unda Hörner zeigt, wie inspirierend sich das Reizklima auf die damalige Kunstwelt auswirkte – ein spannendes Kapitel europäischer Kulturgeschichte und ein wunderbarer literarischer Spaziergang auf den Spuren der Bohème in Davos.

– www.ebersbach-simon.de –

Bildnachweis
Fotos Simone Breton mit freundlicher Genehmigung © Sylvie
Collinet-Sator: 12, 34; akg-images / Elizaveta Becker: 98; getty
images: 8, 58, 71, 82, 94, 106; Paris, Musée national d'art moderne /
Centre Georges Pompidou: 49; picture-alliance / dpa | AFP: 134;
picture alliance / Leemage: 77, 122; Seuil: 63; ullstein bild –
Photo 12: 40; ullstein bild – Roger-Viollet: 15; ullstein bild –
TopFoto: 89; wikimedia commons: 19.

1. Auflage 2024
© ebersbach & simon, Berlin | Köln
Alle Rechte vorbehalten

Umschlaggestaltung: Lisa Neuhalfen, moretypes, Berlin
Covermotiv: René Magritte, *Le domaine enchanté VI*,
1953, detail © VG Bild-Kunst, Bonn 2024
Satz: Birgit Cirksena · Satzfein, Berlin
Druck und Bindung: GGP Media GmbH, Pößneck
ISBN 978-3-86915-308-7

www.ebersbach-simon.de

Gedruckt auf Papier aus nachhaltiger Forstwirtschaft
Printed in Germany